JN260482

一般法人・公益法人の役員ハンドブック
―役員の責任と責任追及の対応策―

升田 純 著

発行 民事法研究会

はしがき

　本書は、一般社団法人、一般財団法人、公益社団法人、公益財団法人の理事、監事、評議員（評議員は、一般財団法人、公益財団法人の場合）の権限・義務の概要を紹介し、権限の行使・不行使、義務の履行・不履行に伴う損害賠償責任の概要と損害賠償責任の追及の実情と防衛のための対策を紹介したものである。

　本書は、筆者が民法法人から公益社団法人、公益財団法人への組織替えが議論されている会議で、理事等の役員の責任につき質問を受け、説明をしたことがきっかけとなって執筆したものである。筆者としては、関連する法律の規定を概説書等を参考にして概要を適切に説明したつもりではあったが、実際に理事等の責任がどう追及されるのかがわかりにくいとの指摘を受け、自分でもそのような指摘はもっともであると思うに至ったからである。

　民法法人の下では、多くの人が理事等として民法法人の運営を遂行し、あるいは運営を支えてきたものであるが（多くの人は無報酬で活動をしてきた）、一般社団法人等の新法人制度の下では、理事等の権限、義務、責任等に関する法律の規定が多数設けられ、詳細かつ複雑な規定が設けられるに至っているために、わかりにくいのである。しかも、理事等の方々が従来の意識で理事等の職務を遂行することには、法律の観点からは責任追及のリスクを増大させることになる。また、一般社団法人等の新法人を取り巻く社会の環境、人々の意識も相当に変化しているが、理事等の方々が環境の変化に鈍感でいると、実際上責任追及のリスクを増大させることにもなる。

　理事等の方々の多くは、所属する一般社団法人、公益社団法人の目的を実現するために誠実にその職務を遂行し、その活動に熱意をもって取り組んでいるが、不幸にしてその活動に伴って法人、関係者に損失が生

はしがき

じることは避けられないのが実情である。この損失の負担が問題になると、人によっては理事等の責任を指摘する者が出てくることも最近の社会の風潮である。

　本書は、理事、監事、評議員の方々が誠実かつ熱意をもって一般社団法人、公益社団法人等の活動に関与していたのに、不幸にしてその損害賠償責任を追及される事例が今後増加するものと予想されることを想定し、責任追及の過程の実態、訴訟への応訴・追行の実情等を紹介することによって、責任追及からの防衛対策を提示しようとしたものである。理事等として活動していると、さまざまな不幸な事態に直面することがあるが、事前の対策をとっておくことによってこのような事態に適切に対応するとともに、理事等の職務、活動をより実りの多いものにすることができるものと信じている。備えあれば、憂いなしである。

　本書が出版に漕ぎ着けられたのは、民事法研究会代表取締役の田口信義氏と編集部の南伸太郎氏のご協力のおかげであり、この場をお借りして感謝を申し上げる次第である。

　　平成23年5月吉日

　　　　　　　　　　　　　　　　　　　　　　　　　升田　純

目　次

第1章　公益法人等の法人制度の改正

Ⅰ　公益法人等の法人制度の近年の変貌振り ················1
　1　法改正によって厳しくなった理事等の法的な責任 ········1
　2　法人を取り巻く変化と意識 ·····························2
　3　理事等の権限・義務の理解の重要性 ····················3
Ⅱ　理事等の法的な責任の視点からの新法人制度の評価 ········4
Ⅲ　新法人制度の改正の経過の概要 ··························5
　1　公益法人制度の変遷 ···································5
　2　新法人制度制定の経緯と構造 ···························7

第2章　民法の制度の下における理事会・評議員会の運営と雰囲気

Ⅰ　新法人制度への移行の検討の実情 ························9
Ⅱ　民法法人における理事等の選任等の実情 ·················10
Ⅲ　民法法人制度の下における理事等の権限・義務の概要 ······11
Ⅳ　理事、監事の責任問題 ·································13

第3章　新法人制度の概要(1)

- I　一般社団法人における理事、監事 …………………………15
  - 1　一般社団法人、一般財団法人の理事等に必要な知識 ………15
  - 2　一般社団法人の機関の基本構造 …………………………………16
  - 3　理事等の基本的義務——善管注意義務 …………………………17
  - 4　理事の業務執行に伴うリスク ……………………………………18
  - 5　理事の法令等の遵守義務、忠実義務 ……………………………20
  - 6　理事の守秘義務、善管注意義務 …………………………………22
  - 7　競業取引・利益相反取引の制限 …………………………………23
  - 8　著しい損害を及ぼすおそれのある事実の報告義務 ……………25
  - 9　理事会と理事との職務・権限の分配 ……………………………26
  - 10　理事の監督義務 ……………………………………………………27
  - 11　一般社団法人の理事の権限・義務の概観 ………………………29
- II　一般社団法人の理事の権限・義務の詳解 ………………31
  - 1　社員総会招集権（法人法36条3項）………………………………31
  - 2　社員総会参考書類・議決権行使書面の交付義務（法人法41条、42条）………………………………………………………………31
  - 3　社員総会における説明義務（法人法53条）………………………31
  - 4　業務執行権（法人法76条、91条）…………………………………32
  - 5　法人の代表権（法人法77条）………………………………………33
  - 6　忠実義務（法人法83条）……………………………………………34
  - 7　競業に関する承認取得義務（法人法84条、92条）………………35
  - 8　利益相反取引に関する承認取得義務（法人法84条、92条）……36
  - 9　損害報告義務（法人法85条）………………………………………37
  - 10　理事会招集権（法人法93条、94条）………………………………37

11　理事会における議決権（法人法95条）……………………38
　12　一般社団法人に対する損害賠償責任の一部免除に関する開示義務（法人法113条2項）……………………39
　13　定款に基づく一般社団法人に対する損害賠償責任の一部免除権（法人法114条）……………………40
　14　計算書類等の承認権（法人法124条3項）……………………41
　15　計算書類等の社員への提供義務（法人法125条）……………………42
　16　計算書類等の定時社員総会への提出・提供義務（法人法126条1項）……………………42
　17　事業報告内容の定時社員総会への報告義務（法人法126条3項）……………………42
　18　計算書類の定時社員総会への報告義務（法人法127条）……………………43
　19　その他……………………43
Ⅲ　一般社団法人の監事の権限・義務……………………44
　1　監事の職務の概要……………………44
　2　業務監査権（法人法99条1項）……………………45
　3　会計監査権（法人法124条1項）……………………46
　4　不正行為等の報告義務（法人法100条）……………………47
　5　理事会への出席義務等（法人法101条1項・2項）……………………48
　6　社員総会に提出する議案等の調査・報告義務（法人法102条）……………………48
　7　監事の理事に対する不正行為等差止請求権（法人法103条1項）……………………49
　8　訴訟の代表権（法人法81条）……………………50
Ⅳ　新法人制度の下における一般社団法人の理事、監事の権限・義務の拡大……………………51

第4章　新法人制度の概要(2)

Ⅰ　一般財団法人における理事、監事 …………………………………53
1　一般財団法人における機関構成 ………………………………53
2　理事の権限・義務の概観 ………………………………………54

Ⅱ　一般財団法人の理事の権限・義務の詳解 ………………………56
1　基本財産の維持等義務（法人法172条2項）………………56
2　評議員会招集権（法人法179条3項）………………………56
3　評議員会における説明義務（法人法190条）………………57
4　業務執行権（法人法197条、91条）…………………………58
5　法人の代表権（法人法197条、77条4項、90条）…………59
6　忠実義務（法人法197条、83条）……………………………60
7　競業に関する承認取得義務（法人法197条、84条、92条2項）…61
8　利益相反取引に関する承認取得義務（法人法197条、84条、92条2項）……………………………………………………61
9　損害報告義務（法人法197条、85条）………………………62
10　理事会招集権（法人法197条、93条、94条）………………63
11　理事会における議決権（法人法197条、95条）……………63
12　一般財団法人に対する損害賠償責任の一部免除に関する開示義務（法人法198条、113条2項）……………………………65
13　定款に基づく一般財団法人に対する損害賠償責任の一部免除権（法人法198条、114条）……………………………………66
14　計算書類等の承認権（法人法199条、124条3項）…………66
15　計算書類等の評議員への提供義務（法人法199条、125条）………67
16　計算書類等の定時評議員会への提出・提供義務（法人法199条、126条1項）………………………………………………68

17　事業報告内容の定時評議員会への報告義務（法人法199条、
　　　　126条3項） ··· 68
　　18　計算書類の定時評議員会への報告義務（法人法199条、127
　　　　条） ··· 68
　　19　その他 ··· 68
Ⅲ　一般財団法人の監事の権限・義務 ·· 69
Ⅳ　新法人制度の下における一般財団法人の理事、監事の
　　権限・義務の拡大 ··· 70

第5章　一般社団法人・一般財団法人の理事、監事の責任の概要

Ⅰ　理事、監事の損害賠償責任の様相 ··· 71
Ⅱ　理事、監事の不法行為責任 ·· 72
　1　問題の所在 ··· 72
　2　裁判例 ·· 73
　〔裁判例1〕　東京地判平成10・7・13判時1678号99頁
　　　　　　　（取締役の不法行為の肯定事例） ································ 73
　〔裁判例2〕　東京地判平成18・12・12判時1981号53頁
　　　　　　　（取締役の不法行為の肯定事例） ································ 73
　〔裁判例3〕　東京地判平成21・1・30判時2035号145頁
　　　　　　　（取締役の不法行為の肯定事例） ································ 74
Ⅲ　不法行為以外の損害賠償責任の類型 ··· 74
Ⅳ　理事、監事の一般社団法人・一般財団法人に対する損害
　　賠償責任 ·· 76
　1　問題の所在 ··· 76

2 裁判例 …………………………………………………………………77

〔裁判例4〕 大阪地判平成12・5・31判時1742号141頁
（損害発生の否定事例）……………………………………77

〔裁判例5〕 大阪地判平成12・6・21判時1742号146頁
（損害回復による損害発生の否定事例）…………………78

〔裁判例6〕 東京地判平成17・6・27判時1923号139頁
（損害発生との因果関係の否定事例）……………………78

〔裁判例7〕 東京地判平成19・9・27判時1986号146頁、金判
1278号18頁（損害発生の否定事例）………………………79

V 理事、監事の第三者責任 ……………………………………………81

1 問題の所在 ……………………………………………………………81

2 裁判例 ………………………………………………………………85

〔裁判例8〕 横浜地判平成11・6・24判時1716号144頁
（取締役の第三者責任の肯定事例）………………………85

〔裁判例9〕 東京地判平成14・12・25判タ1135号257頁
（取締役の第三者責任の肯定事例）………………………86

〔裁判例10〕 東京地判平成15・2・27判時1832号155頁
（取締役の第三者責任の肯定事例）………………………86

〔裁判例11〕 東京地判平成15・3・19判時1844号117頁
（取締役の監視監督義務の懈怠による第三者責任の
肯定事例）……………………………………………………87

〔裁判例12〕 金沢地判平成15・10・6判時1898号145頁
（取締役の第三者責任の肯定事例）………………………87

〔裁判例13〕 名古屋高金沢支判平成17・5・18判時1898号130頁
（取締役の社内体制構築義務違反による第三者責任
の肯定事例）…………………………………………………88

〔裁判例14〕 東京地判平成17・6・27判時1923号139頁

　　　　　　　　（取締役の第三者責任の否定事例）……………………88
　〔裁判例15〕　大阪高判平成17・9・29判時1925号157頁
　　　　　　　　（取締役の任務懈怠・第三者責任の否定事例）………89
　〔裁判例16〕　大阪地判平成18・4・17判時1980号85頁
　　　　　　　　（取締役の第三者責任の否定事例）……………………89
　〔裁判例17〕　大阪高判平成19・1・18判時1980号74頁
　　　　　　　　（取締役の第三者責任の肯定事例）……………………90
　〔裁判例18〕　大阪地判平成20・1・21判時2015号133頁、判タ1284
　　　　　　　　号282頁（取締役の任務懈怠・第三者責任の否定事例）…90
　〔裁判例19〕　東京地判平成21・2・4判時2033号3頁
　　　　　　　　（取締役の権利侵害防止体制構築義務違反による
　　　　　　　　第三者責任の肯定事例）……………………………………91
　〔裁判例20〕　新潟地判平成21・12・1判時2100号153頁
　　　　　　　　（取締役の監視義務違反による第三者責任の肯定事例）…92
Ⅵ　虚偽記載が問題となった裁判例 ………………………………………92
　1　問題の所在 ………………………………………………………………92
　2　裁判例 ……………………………………………………………………93
　〔裁判例21〕　東京地判平成17・6・27判時1923号139頁（計算書類
　　　　　　　　等の虚偽記載の肯定事例（因果関係の否定事例））………93
　〔裁判例22〕　大阪地判平成18・2・23判時1939号149頁、金判1242
　　　　　　　　号19頁（計算書類の虚偽記載等の否定事例）……………94
　〔裁判例23〕　東京地判平成21・1・30判時2035号145頁
　　　　　　　　（有価証券報告書の虚偽記載の肯定事例）………………94
Ⅶ　複数の理事、監事に関する求償の問題 ………………………………95
　1　問題の所在 ………………………………………………………………95
　2　裁判例 ……………………………………………………………………96
　〔裁判例24〕　浦和地判平成8・11・20判タ936号232頁

	（取締役の取締役に対する求償の否定事例）……………97
Ⅷ	理事、監事の損害賠償責任の消滅時効 ……………………97
Ⅸ	理事、監事の責任を追及することができる主体 …………98
1	問題の所在 ………………………………………………………98
2	裁判例 ……………………………………………………………100

〔裁判例25〕 東京地判平成16・5・20判時1871号125頁
　　　　　　（取締役・監査役の責任の否定事例）………………100

〔裁判例26〕 東京地判平成16・7・28判タ1228号269頁、金判1239
　　　　　　号44頁（取締役の責任の否定事例）…………………100

〔裁判例27〕 東京地判平成16・12・16判時1888号3頁、判タ1174
　　　　　　号150頁、金判1216号19頁（取締役の責任の肯定事例、
　　　　　　取締役・監査役の責任の否定事例）……………………101

〔裁判例28〕 東京高判平成16・12・21判タ1208号290頁
　　　　　　（取締役の責任の否定事例）………………………………102

〔裁判例29〕 大阪地判平成16・12・22判時1892号108頁
　　　　　　（取締役の責任の肯定事例、取締役・監査役の責任の
　　　　　　否定事例）……………………………………………………102

〔裁判例30〕 大阪地判平成17・2・9判時1889号130頁、判タ1174
　　　　　　号292頁（取締役の責任の肯定事例）………………103

〔裁判例31〕 東京地判平成17・3・3判タ1256号179頁
　　　　　　（取締役の責任の否定事例）………………………………103

〔裁判例32〕 東京地判平成17・3・10判タ1228号280頁、金判1239
　　　　　　号56頁（取締役の責任の否定事例）…………………104

〔裁判例33〕 東京地判平成18・4・13判タ1226号192頁
　　　　　　（取締役の責任の否定事例）………………………………104

〔裁判例34〕 大阪高判平成18・6・9判時1979号115頁
　　　　　　（取締役・監査役の責任の肯定事例）………………105

〔裁判例35〕 大阪高判平成19・1・18判時1973号135頁
(取締役の責任の肯定事例) ……………………………105
〔裁判例36〕 大阪高判平成19・3・15判タ1239号294頁
(取締役の責任の否定事例) ……………………………106
〔裁判例37〕 東京地判平成19・9・27判時1986号146頁、金判1278
号18頁 (取締役の責任の否定事例) …………………106
〔裁判例38〕 東京高判平成20・5・21判タ1281号274頁、金判1293
号12頁 (取締役の責任の肯定事例、取締役・監査役の
責任の否定事例) ………………………………………107

X 理事、監事の忠実義務と善管注意義務 ……………………108
1 問題の所在 ……………………………………………………108
2 忠実義務違反に関する最近の裁判例 …………………………108
〔裁判例39〕 東京地判平成13・3・29判時1750号40頁
(取締役の忠実義務違反の否定事例) …………………110
〔裁判例40〕 大阪地判平成14・1・30判タ1108号248頁
(取締役の忠実義務違反の否定事例) …………………110
〔裁判例41〕 松山地判平成14・3・15判タ1138号118頁
(理事の忠実義務違反の肯定事例) ……………………111
〔裁判例42〕 東京地判平成14・9・26判時1806号147頁
(取締役の忠実義務違反の肯定事例) …………………111
〔裁判例43〕 東京高判平成15・3・27金判1172号2頁
(取締役の忠実義務違反の否定事例) …………………112
〔裁判例44〕 東京地判平成15・5・12金判1172号39頁
(取締役の忠実義務違反の否定事例) …………………112
〔裁判例45〕 大阪地判平成15・10・15金判1178号19頁
(取締役の忠実義務違反の否定事例) …………………113
〔裁判例46〕 東京地判平成17・3・3判タ1256号179頁

目 次

　　　　　　　（取締役の忠実義務違反の否定事例）……………………114
　〔裁判例47〕　東京地判平成17・6・14判時1921号136頁
　　　　　　　（取締役の忠実義務違反の肯定事例）……………………114
　〔裁判例48〕　最二小判平成18・4・10民集60巻4号1273頁、判時
　　　　　　　1936号27頁、判タ1214号82頁、金判1249号27頁
　　　　　　　（取締役の忠実義務違反の肯定事例）……………………115
　〔裁判例49〕　盛岡地判平成19・7・27判タ1294号264頁
　　　　　　　（理事の忠実義務違反の肯定事例）………………………116
　〔裁判例50〕　東京高判平成20・4・23金判1292号14頁
　　　　　　　（取締役の忠実義務違反の肯定事例）……………………117
　3　善管注意義務違反に関する最近の裁判例 ………………………117
　〔裁判例51〕　東京地判平成13・3・29判時1750号40頁
　　　　　　　（取締役の善管注意義務違反の否定事例）…………………118
　〔裁判例52〕　大阪地判平成13・5・28判時1768号121頁、金判1125
　　　　　　　号30頁（理事の善管注意義務違反の肯定事例）…………118
　〔裁判例53〕　東京地判平成13・7・26判時1778号138頁、金判1139
　　　　　　　号42頁（取締役の善管注意義務違反の否定事例）………119
　〔裁判例54〕　大阪地判平成13・12・5金判1139号15頁
　　　　　　　（取締役の善管注意義務違反の肯定事例）…………………119
　〔裁判例55〕　大阪地判平成14・1・30判タ1108号248頁
　　　　　　　（取締役の善管注意義務違反の否定事例）…………………120
　〔裁判例56〕　松山地判平成14・3・15判タ1138号118頁
　　　　　　　（理事の善管注意義務違反の肯定事例）…………………120
　〔裁判例57〕　東京高判平成14・4・25判時1791号148頁、金判1149
　　　　　　　号35頁（取締役の善管注意義務違反の肯定事例・否定
　　　　　　　事例）…………………………………………………………121
　〔裁判例58〕　福井地判平成15・2・12判時1814号151頁、判タ1158

〔裁判例59〕 大阪地判平成15・3・5判時1833号146頁
（取締役の善管注意義務違反の否定事例）……………122
〔裁判例60〕 東京高判平成15・3・27金判1172号2頁
（取締役の善管注意義務違反の否定事例）……………122
〔裁判例61〕 東京地判平成15・5・12金判1172号39頁
（取締役の善管注意義務違反の否定事例）……………122
〔裁判例62〕 札幌地判平成15・9・16判時1842号130頁
（取締役の善管注意義務違反の否定事例）……………123
〔裁判例63〕 大阪地判平成15・9・24判時1848号134頁
（取締役の善管注意義務違反の否定事例）……………124
〔裁判例64〕 大阪地判平成15・10・15金判1178号19頁
（取締役の善管注意義務違反の否定事例）……………124
〔裁判例65〕 東京地判平成16・5・20判時1871号125頁
（取締役の善管注意義務違反の否定事例）……………125
〔裁判例66〕 東京高判平成16・6・24判時1875号139頁
（取締役の善管注意義務違反の肯定事例）……………126
〔裁判例67〕 東京地判平成16・7・28判タ1228号269頁、金判1239
号44頁（取締役の善管注意義務違反の否定事例）………126
〔裁判例68〕 東京地判平成16・12・16判時1888号3頁、判タ1174
号150頁、金判1216号19頁（取締役の善管注意義務違
反の肯定事例・否定事例、監査役の善管注意義務違反
の否定事例）……………………………………127
〔裁判例69〕 東京高判平成16・12・21判タ1208号290頁
（取締役の善管注意義務違反の否定事例）……………127
〔裁判例70〕 大阪地判平成16・12・22判時1892号108頁
（取締役の善管注意義務違反の肯定事例・否定事例、

目　次

〔裁判例71〕　大阪地判平成17・2・9判時1889号130頁、判タ1174
　　　　　　号292頁（取締役の善管注意義務違反の肯定事例）………128
〔裁判例72〕　東京地判平成17・3・3判タ1256号179頁
　　　　　　（取締役の善管注意義務違反の否定事例）……………………129
〔裁判例73〕　東京地判平成17・3・10判タ1228号280頁、金判1239
　　　　　　号56頁（取締役の善管注意義務違反の否定事例）…………130
〔裁判例74〕　東京地判平成17・6・14判時1921号136頁
　　　　　　（取締役の善管注意義務違反の肯定事例）……………………130
〔裁判例75〕　名古屋高金沢支判平成18・1・11判時1937号143頁
　　　　　　（取締役の善管注意義務違反の否定事例）……………………131
〔裁判例76〕　札幌高判平成18・3・2判時1946号128頁
　　　　　　（取締役の善管注意義務違反の肯定事例）……………………131
〔裁判例77〕　最二小判平成18・4・10民集60巻4号1273頁、判時
　　　　　　1936号27頁、判タ1214号82頁、金判1249号27頁
　　　　　　（取締役の善管注意義務違反の肯定事例）……………………131
〔裁判例78〕　東京地判平成18・4・13判タ1226号192頁
　　　　　　（取締役の善管注意義務違反の否定事例）……………………132
〔裁判例79〕　大阪地判平成18・4・17判時1980号85頁
　　　　　　（取締役の善管注意義務違反の否定事例）……………………132
〔裁判例80〕　大阪高判平成18・6・9判時1979号115頁
　　　　　　（取締役・監査役の善管注意義務違反の肯定事例）………133
〔裁判例81〕　大阪高判平成19・1・18判時1973号135頁
　　　　　　（取締役の善管注意義務違反の肯定事例）……………………133
〔裁判例82〕　大阪高判平成19・3・15判タ1239号294頁
　　　　　　（取締役の善管注意義務違反の否定事例）……………………133
〔裁判例83〕　盛岡地判平成19・7・27判タ1294号264頁

　　　　　　　　（理事の善管注意義務違反の肯定事例）……………………134
　〔裁判例84〕　東京高判平成20・4・23金判1292号14頁
　　　　　　　　（取締役の善管注意義務違反の肯定事例）……………………135
　〔裁判例85〕　東京高判平成20・5・21判タ1281号274頁、金判1293
　　　　　　　　号12頁（取締役の善管注意義務違反の肯定事例）…………135
　〔裁判例86〕　東京地判平成20・12・15判タ1307号283頁
　　　　　　　　（取締役の善管注意義務違反の肯定事例）……………………136

Ⅺ　**取締役の監視義務違反に関する最近の裁判例** ……………………140
　〔裁判例87〕　東京地判平成7・10・26判時1549号125頁、判タ902
　　　　　　　　号189頁（取締役の監視義務違反の肯定事例）……………140
　〔裁判例88〕　神戸地尼崎支判平成7・11・17判時1563号140頁、
　　　　　　　　判タ901号233頁（取締役の監視義務違反の肯定事例）…141
　〔裁判例89〕　東京地判平成13・1・18判時1758号143頁、金判1119
　　　　　　　　号43頁（取締役・監査役の監視義務違反の否定事例）…141
　〔裁判例90〕　東京地判平成13・7・26判時1778号138頁、金判1139
　　　　　　　　号42頁（取締役の監視義務違反の否定事例）………………142
　〔裁判例91〕　大阪地判平成14・1・30判タ1108号248頁
　　　　　　　　（取締役の監視義務違反の否定事例）…………………………142
　〔裁判例92〕　東京高判平成14・4・25判時1791号148頁、金判
　　　　　　　　1149号35頁（取締役の監視義務違反の肯定事例・
　　　　　　　　否定事例）………………………………………………………143
　〔裁判例93〕　東京地判平成16・5・20判時1871号125頁
　　　　　　　　（取締役・監査役の監督義務違反の否定事例）………………143
　〔裁判例94〕　東京地判平成20・12・15判タ1307号283頁
　　　　　　　　（取締役の監視義務違反の肯定事例）…………………………144
　〔裁判例95〕　新潟地判平成21・12・1判時2100号153頁
　　　　　　　　（取締役の監視義務違反の肯定事例）…………………………145

XII 法令遵守体制、内部統制体制構築義務違反に関する最近の裁判例 …………………………………………………………145

〔裁判例96〕 東京地判平成11・3・4判タ1017号215頁
（取締役の指導監督義務違反の否定事例）………………146

〔裁判例97〕 大阪地判平成12・9・20判時1721号3頁
（取締役・監査役のリスク管理体制構築義務違反の
肯定事例・否定事例）………………………………………146

〔裁判例98〕 東京地判平成16・5・20判時1871号125頁
（取締役・監査役の法令遵守体制構築義務違反の
否定事例）………………………………………………………147

〔裁判例99〕 東京地判平成16・12・16判時1888号3頁、判タ1174
号150頁、金判1216号19頁（取締役・監査役のリスク
管理体制構築義務違反の否定事例）………………………148

〔裁判例100〕 東京地判平成19・11・26判時1998号141頁
（取締役のリスク管理体制構築義務違反の肯定事例）…148

〔裁判例101〕 東京高判平成20・5・21判タ1281号274頁、金判
1293号12頁（取締役・監査役のリスク管理体制
構築義務違反の否定事例）…………………………………149

〔裁判例102〕 最一小判平成21・7・9判時2055号147頁
（取締役のリスク管理体制構築義務違反の否定事例）…149

XIII 法令違反に関する裁判例 ……………………………………………150

〔裁判例103〕 東京地判昭和61・5・29判時1194号33頁
（取締役の法令違反の肯定事例）……………………………151

〔裁判例104〕 東京高判平成元・7・3商事法務1188号36頁
（取締役の法令違反の肯定事例）……………………………151

〔裁判例105〕 大阪地判平成2・2・28判時1365号130頁、判タ
737号219頁（取締役の法令違反の否定事例）……………151

〔裁判例106〕東京地判平成3・4・18金判876号30頁
　　　　　（取締役の法令違反の肯定事例）……………………152
〔裁判例107〕最一小判平成5・9・9民集47巻7号4814頁
　　　　　（取締役の法令違反の肯定事例）……………………152
〔裁判例108〕東京地判平成5・9・16判時1496号25頁、判タ827
　　　　　号39頁、金法1369号37頁、金判928号16頁
　　　　　（取締役の法令違反の否定事例）……………………153
〔裁判例109〕東京地判平成6・12・22判時1518号3頁、判タ864
　　　　　号286頁（取締役の法令違反の肯定事例）……………153
〔裁判例110〕東京高判平成7・9・26判時1549号11頁、判タ890
　　　　　号45頁、金法1435号46頁、金判981号8頁
　　　　　（取締役の法令違反の否定事例）……………………153
〔裁判例111〕東京地判平成10・5・14判時1650号145頁、判タ976
　　　　　号277頁、金判1043号3頁
　　　　　（取締役の法令違反の肯定事例）……………………153
〔裁判例112〕名古屋高判平成10・9・29判時1678号150頁
　　　　　（取締役の法令違反の肯定事例）……………………154
〔裁判例113〕東京高判平成11・1・27金判1064号21頁
　　　　　（取締役の法令違反の肯定事例）……………………155
〔裁判例114〕最二小判平成12・7・7民集54巻6号1767頁、判時
　　　　　1729号28頁、判タ1046号92頁、金法1597号75頁、
　　　　　金判1096号3頁（取締役の法令違反の肯定事例）………155
〔裁判例115〕名古屋地判平成13・10・25判時1784号145頁、金判
　　　　　1149号43頁（取締役の法令違反の否定事例）…………157
〔裁判例116〕東京地判平成18・4・26判時1930号147頁
　　　　　（取締役の法令違反の肯定事例）……………………158

XIV　理事の責任に関する裁判例 ……………………………………158

目 次

〔裁判例117〕 仙台地判昭和52・9・7判時893号88頁
（理事の責任の否定事例）……………………………………………159

〔裁判例118〕 東京地判昭和60・8・30判時1198号120頁
（理事の責任の肯定事例）……………………………………………159

〔裁判例119〕 大阪地判昭和63・1・29判時1300号134頁
（理事の責任の肯定事例）……………………………………………159

〔裁判例120〕 東京地判平成6・2・23判タ868号280頁
（理事の責任の肯定事例・否定事例）………………………………160

〔裁判例121〕 大阪地判平成6・3・1判タ893号269頁
（理事の責任の否定事例）……………………………………………160

〔裁判例122〕 静岡地判平成9・11・28判時1654号92頁
（理事・監事の責任の否定事例）……………………………………161

〔裁判例123〕 名古屋地判平成10・10・26判時1680号128頁
（理事の責任の否定事例）……………………………………………162

〔裁判例124〕 札幌地浦河支判平成11・8・27判タ1039号243頁
（理事・監事の責任の肯定事例）……………………………………162

〔裁判例125〕 大阪地判平成12・5・24判時1734号127頁
（理事の責任の肯定事例）……………………………………………163

〔裁判例126〕 浦和地判平成12・7・25判時1733号61頁
（理事の責任の肯定事例）……………………………………………163

〔裁判例127〕 大阪地判平成12・9・8判時1756号151頁
（理事の責任の肯定事例）……………………………………………163

〔裁判例128〕 大阪地判平成12・11・13判時1758号72頁
（理事の責任の肯定事例）……………………………………………164

〔裁判例129〕 大阪地判平成13・5・28判時1768号121頁、金判
1125号30頁（理事の責任の肯定事例）……………………………164

〔裁判例130〕 東京地判平成13・5・31判時1759号131頁

	（理事の責任の肯定事例）……………………………165	
〔裁判例131〕	東京高判平成13・12・26判時1783号145頁	
	（理事の責任の肯定事例）……………………………165	
〔裁判例132〕	山形地判平成14・3・26判タ1801号103頁	
	（理事の責任の肯定事例）……………………………165	
〔裁判例133〕	大阪地判平成15・5・9判時1828号68頁	
	（理事の責任の肯定事例）……………………………166	
〔裁判例134〕	東京地判平成16・7・2判時1868号75頁	
	(理事の責任の肯定事例・否定事例)………………167	
〔裁判例135〕	大阪地判平成16・7・28判時1877号105頁	
	（理事の責任の否定事例）……………………………167	
〔裁判例136〕	東京地判平成17・3・17判タ1182号226頁	
	（理事の責任の否定事例）……………………………168	
〔裁判例137〕	福岡高判平成17・5・12判タ1198号273頁	
	（理事の責任の否定事例）……………………………168	
〔裁判例138〕	青森地判平成18・2・28判時1963号110頁	
	（理事の責任の肯定事例、理事・監事の責任の否定	
	事例）……………………………………………………169	
〔裁判例139〕	鹿児島地判平成18・9・29判タ1269号152頁	
	（理事の責任の肯定事例）……………………………169	
〔裁判例140〕	佐賀地判平成19・6・22判時1978号53頁	
	（理事の責任の肯定事例）……………………………170	
〔裁判例141〕	盛岡地判平成19・7・27判タ1294号264頁	
	（理事の責任の肯定事例）……………………………170	
〔裁判例142〕	東京地判平成19・9・12判時2002号125頁	
	（理事・評議員の責任の肯定事例）…………………171	
〔裁判例143〕	那覇地判平成20・6・25判時2027号91頁	

　　　　　　　（理事の責任の否定事例）……………………………171
　　〔裁判例144〕　最二小判平成21・11・27判時2067号136頁
　　　　　　　（監事の責任の肯定事例）……………………………172
XV　監査役の責任に関する裁判例 ………………………………173
XVI　理事、監事に対する損害賠償責任の追及への対応 ………174
XVII　理事、監事に対する社員代表訴訟 …………………………176
　1　問題の所在 ……………………………………………………176
　2　裁判例 …………………………………………………………178
　　〔裁判例145〕　長崎地判平成3・2・19判時1393号138頁 ……178
　　〔裁判例146〕　東京地判平成15・5・12金判1172号39頁 ……178
　　〔裁判例147〕　東京地判平成19・9・27判時1986号146頁、金判
　　　　　　　1278号18頁 ……………………………………………179
　　〔裁判例148〕　東京地判平成17・3・10判タ1228号280頁、金判
　　　　　　　1239号56頁 ……………………………………………180
　　〔裁判例149〕　東京地判平成12・6・22金判1126号55頁 ……180
　　〔裁判例150〕　高知地判平成2・1・23金判844号22頁 ………181
　　〔裁判例151〕　東京地判平成8・6・20判時1578号131頁 ……181
XVIII　責任追及の訴えに対する担保提供申立て …………………182
　1　問題の所在 ……………………………………………………182
　2　裁判例 …………………………………………………………182
　　〔裁判例152〕　名古屋地決平成6・1・26判時1492号139頁、金判
　　　　　　　947号30頁 ……………………………………………183
　　〔裁判例153〕　東京地決平成6・7・22判タ867号126頁、金判955
　　　　　　　号15頁 ………………………………………………183
　　〔裁判例154〕　東京地決平成6・7・22判タ867号143頁、金判955
　　　　　　　号28頁 ………………………………………………183
　　〔裁判例155〕　東京高決平成7・2・20判タ895号252頁、金判968

号23頁 …………………………………………………………183
〔裁判例156〕 名古屋地決平成7・2・28判タ877号288頁 ………184
〔裁判例157〕 名古屋高決平成7・3・8判時1531号134頁、判タ
881号298頁、金判965号28頁 …………………………184
〔裁判例158〕 高松高決平成7・8・24金判997号25頁 ……………184
〔裁判例159〕 浦和地決平成7・8・29判時1562号124頁、判タ
894号254頁 …………………………………………………185
〔裁判例160〕 名古屋高決平成7・11・15判タ892号121頁、金商
983号10頁 ……………………………………………………185
〔裁判例161〕 東京地決平成8・6・26金法1457号40頁 ……………185
〔裁判例162〕 大阪地決平成8・8・28判時1597号137頁、判タ
924号259頁 …………………………………………………186
〔裁判例163〕 大阪地決平成8・11・14判時1597号149頁 …………186
〔裁判例164〕 大阪地決平成9・3・17判時1603号134頁 …………187
〔裁判例165〕 大阪地決平成9・3・21判時1603号130頁、判タ
941号259頁 …………………………………………………187
〔裁判例166〕 大阪地決平成9・4・18判時1604号139頁 …………187
〔裁判例167〕 大阪高決平成9・8・26判時1631号140頁 …………188
〔裁判例168〕 大阪高決平成9・11・18判タ971号216頁 …………188
XIX 社員に対する損害賠償責任の追及 …………………………………188
XX 社員代表訴訟に関するその余の規定 ………………………………190
XXI 理事、監事の損害賠償責任に関する免除規定 ……………………190
 1 一般社団法人の理事、監事についての社員総会決議による
  責任免除 …………………………………………………………………190
 2 一般社団法人の理事、監事についての定款の定めによる責
  任の一部免除 ……………………………………………………………192
 3 一般社団法人の外部理事、外部監事についての責任限定契

約による責任の一部免除 ……………………………………193
　4　一般財団法人の理事、監事の責任免除 …………………194

第6章　一般財団法人の評議員の義務と責任の概要

Ⅰ　一般財団法人の評議員、評議員会に関する規定 ………………195
Ⅱ　評議員会の権限・義務の変化の概要 ……………………………195
Ⅲ　評議員会の権限・義務の詳解 ……………………………………198
　1　理事、監事の解任権（法人法176条1項）………………………198
　2　会計監査人の解任権（法人法176条2項）………………………199
　3　評議員会における議決権（法人法178条、189条）……………199
　4　評議員会の招集請求権（法人法180条）…………………………200
　5　評議員会の目的事項請求権（法人法184条）……………………200
　6　評議員会の議案提案権（法人法185条）…………………………201
　7　評議員会の議案の要領通知請求権（法人法186条1項）………201
　8　評議員会の招集手続等に関する検査役選任申立権
　　（法人法187条1項）…………………………………………………201
　9　評議員会の議事録の閲覧・謄写請求権（法人法193条4項）…202
　10　評議員会の書面等の閲覧・謄写請求権（法人法194条3項）…203
　11　一般財団法人に対する損害賠償責任の免除に関する同意権
　　（法人法198条、112条）……………………………………………203
　12　一般財団法人に対する損害賠償責任の一部免除権
　　（法人法198条、113条1項）………………………………………204
　13　定款に基づく一般財団法人に対する損害賠償責任の一部免
　　除に関する異議権（法人法198条、114条4項）…………………205

  14 会計帳簿の閲覧・謄写請求権（法人法199条、121条1項）……205
  15 計算書類の承認権（法人法199条、126条2項）…………………206
  16 計算書類等の閲覧・謄写請求権（法人法199条、129条3項）…206
  17 定款の変更決議権（法人法200条）………………………………206
  18 事業の全部譲渡の決議権（法人法201条）………………………207
 Ⅳ 評議員の損害賠償責任 ………………………………………………207

第7章　責任の追及者と追及の理由・機会

 Ⅰ 理事、監事らに対する損害賠償責任追及の可能性 ………………209
 Ⅱ 損害賠償責任を追及する可能性のある者 …………………………210
 Ⅲ 理事らの損害賠償責任の根拠 ………………………………………211
 Ⅳ 損害賠償責任の追及の兆し …………………………………………213
 Ⅴ 理事らの所属する一般社団法人、一般財団法人からの
  損害賠償責任追及 ……………………………………………………214
 Ⅵ 理事等に就任する際の責任追及のリスク …………………………214
 Ⅶ クレーマーへの対応 …………………………………………………216

第8章　訴訟の実態と訴訟対策の実務

 Ⅰ 訴訟の実態 ……………………………………………………………219
 Ⅱ 訴訟の結論を予測することの困難さ ………………………………221
 Ⅲ 応訴した場合の対応 …………………………………………………222
  1 理事らの置かれる諸状況 …………………………………………222
  2 具体的な諸対策 ……………………………………………………223

3　就任時の心構え ……………………………………………224

第9章　後悔しないために

・判例索引 ………………………………………………………229
・著者紹介 ………………………………………………………236

```
──────●略称一覧●──────

〈法令等〉
 ・法人法          一般社団法人及び一般財団法人に関する法
                   律（平成18年法律第48号）
 ・法人法施行規則   一般社団法人及び一般財団法人に関する法
                   律施行規則（平成19年省令第28号）
 ・公益認定法       公益社団法人及び公益財団法人の認定等に
                   関する法律（平成18年法律第49号）
 ・整備法           一般社団法人及び一般財団法人に関する法
                   律及び公益社団法人及び公益財団法人の認
                   定等に関する法律の施行に伴う関係法律の
                   整備等に関する法律（平成18年法律第50号）
〈判例集等〉
 ・民　集          最高裁判所民事判例集
 ・集　民          最高裁判所裁判集民事
 ・高民集          高等裁判所民事判例集
 ・判　時          判例時報
 ・判　タ          判例タイムズ
 ・金　法          金融法務事情
 ・金　判          金融・商事判例
 ・商事法務         旬刊商事法務
```

第1章　公益法人等の法人制度の改正

I　公益法人等の法人制度の近年の変貌振り

1　法改正によって厳しくなった理事等の法的な責任

　近年の公益法人制度を中心とした法人制度の変貌振りには顕著なものがある。本書の主要な課題である一般社団法人、一般財団法人の登場も制度の変貌の一こまであり、従来の公益法人である社団法人、財団法人の単なる衣替えではない。

　本書は、新たに登場した一般社団法人、一般財団法人と公益社団法人、公益財団法人の理事、監事、評議員の法的な責任を検討し、説明することを内容とするものであるが、この理事等の法的な責任（主として損害賠償責任を対象としている）のみを取り上げても、従来の公益法人制度の下における理事等の法的な責任とは大きく異なる制度に改正されている。この数年、社団法人、財団法人において、一般社団法人、公益社団法人、一般財団法人、公益財団法人への組織換えの検討が行われてきたが、組織のあり方、理事、監事の選任、評議員の選任、理事等の責任の概要についても検討課題になったであろうことは容易に推測される。この検討の際、これらの事項がどのような観点から、どの程度検討されたかは、個々の法人によって異なることはいうまでもないが、組織のあり方、理事の選任に重点が置かれ、理事等の責任が比較的軽視された法人も少なくないとの推測も強ち間違いではなかろう。当然である。従来の

公益法人制度の下において社団法人等の理事等の責任が現実に問題になったことが極めて少なかったことから、今後も同様であろうと予想されるということであろう。

しかし、近年、公益法人制度の改正の前には、株式会社等の会社制度の改正も数度にわたって行われ（商法の改正が繰り返され、会社法の制定も行われた）、会社の取締役等の法的な責任の厳格化、責任追及手段の緩和が行われてきたが、その結果、取締役等の責任を追及する多数の事例、裁判例が公表されてきた。取締役等の責任が追及された事例、裁判例は、単に追及されたというだけでなく（責任が追及され、これが否定されたものだけではない）、実際に取締役等の損害賠償責任を肯定したものも少なくないのであり、このような事例、裁判例の公表、実際の経験が株式会社等の経営に相当な影響を与えてきたことは否定できない。

2　法人を取り巻く変化と意識

近年の取締役等の責任追及の事例、裁判例の動向は、単に会社制度の改正によるだけでなく、会社を取り巻く経済情勢の変化、会社の経営に対する社会常識の変化、法令の変化、法令遵守（コンプライアンス）の要請の強化、従来型の経営の継続、会社の倒産の増加、株主の意識の変化等の諸事情が重要な影響を与えてきたものであるし、実際に株主代表訴訟による株主勝訴の判決の公表、会社自身による取締役等に対する責任追及訴訟による会社勝訴の判決の公表もこの動向に無視できない影響を与えてきたものである。

後に紹介する新法人制度は、理事、監事等の責任については、従来会社制度で改正が繰り返されてきた取締役等の責任と同様な制度を導入したものであり、今後の運用の動向が一部で注目されている。論者によっては、一般社団法人、公益社団法人等の活動が従来と異なるものではなく、理事等の責任も大きく変更されていないこと等から従来と同様であ

るとし、神経質に考える必要はなく、杞憂にすぎないなどと説明する。他方、実務家によっては、一般社団法人等につき代表訴訟制度が導入され、理事等の責任も厳格化されていること等から、従来の事例、動向は参考にならず、責任追及の事例は増加するなどと指摘する。実際に理事、監事の役員の就任を打診されたり、受諾したりする場合にも（なお、一般財団法人等では、評議員も法律上損害賠償責任が明記されている）、役員の責任につき法人の担当者等からの説明も、大丈夫であるなどといった大雑把な説明もあちこちで見聞されている。

3　理事等の権限・義務の理解の重要性

　新法人制度の下において、理事、監事、評議員に就任することが打診されている者は、従来同様な職務に就いていた場合には、従来の認識、理解で就任を受諾することが多いと推測されるし、新たに就任する場合には、制度につき必ずしも十分な理解をしていないことも少なくないであろう。理事、監事等の責任問題が現実化するかは、法制度の改正内容だけでなく、①法人を取り巻く社会環境、法人の運営に対する社会常識、法令の変化、②法令遵守（コンプライアンス）の要請、③法人の活動の内容・態様、法人の運営・活動による損失の発生、法人の運営の悪化、④法人の運営・活動に関する利害関係者の意識、理事等の権限・義務の理解度、⑤理事等による職務上の義務の履行度等の諸事情による。理事等が法律上の権限・義務につき十分に理解しているからといって、理事等の責任が現実化しないというわけでもないし、逆に十分に理解していないからといって、その責任が現実化するというわけでもないのであって、関連する諸事情の一つにすぎないことは確かである。

　しかし、理事等の責任問題が現実化し、訴訟が提起される等した場合、勝訴判決を得るためには、理事等の権限・義務を理解し、適切に権限を行使し、義務を的確に履行していることが必要であるから（実務上は、

これらの事実を証拠によって証明することも必要であり、重要である)、少なくとも就任前から理事等としての権限・義務の内容、適切な履行、責任追及に対する防衛手段等の重要性を理解していることが大切である。

　理事等の就任を打診される読者諸氏は、自己の責任問題とその予防・訴訟対策を他人任せにしているのではなかろうか。法律実務の世界では、自分の責任は自分で防衛し、自分の権利は自分で闘い獲るほかないのである。本書は、新法人制度の下で理事、監事、評議員に就任する読者諸氏が理事等の権限・義務の概要を理解し、自分の責任が追及される事態の発生を予防し、訴訟が提起される場合を想定して対策を立てるための一助として書き連ねたものである。

II　理事等の法的な責任の視点からの新法人制度の評価

　一般社団法人、公益社団法人等の新法人制度に対する評価はさまざまである。

　新法人制度としては、一般社団法人、一般財団法人、公益社団法人、公益財団法人が認められ、一般社団法人、一般財団法人は、自由な設立とある程度の裁量による機関設計が認められ、比較的自由な活動が認められる一方、公益社団法人、公益財団法人は、公益認定の要件が厳格にされ、その運営・活動もさまざまな規制を受けている。新法人制度について積極的に評価する者もいる。しかし、①公益社団法人等については公益認定が厳格すぎる、②公益認定がまちまちになるおそれがある、③公益社団法人等の運営の規制が厳格すぎる、④公益社団法人等の活動の規制が厳格すぎる、⑤個人の公益活動を損なう、⑥従来の公益法人の大半を解散させるに等しい、などの批判が容易にされる。一方、一般社団法人等については、①機関の設計が法人の規模によっては過大すぎる、

②法律の規定・内容が複雑すぎる、③法人の設立が簡便すぎる、④法人の濫用が生じやすいなどの批判もされている。これらの批判の前には、そもそもどのような理由があって新法人制度が採用されたのかなどといった根本的な批判、疑問も未だに消えていない。多くの国民にとっては突然に採用された新法人制度であるといった印象も根強い。

新法人制度は、設立、運営・活動資金の調達、機関の設計、機関間の権限の分配、法人の運営、法人の活動、理事等の義務、理事等の責任、業務監査、会計監査、会計等のいくつかの事項に分けてその合理性、妥当性、利便性等の観点から評価することができる（法人の規模、活動の内容によっても評価が異なりうる）。

本書は、新法人制度に対する評価、観点のすべてを議論するつもりは全くない。本書は、理事、監事、評議員の責任の観点から新法人制度の内容、運用を検討し、評価したうえ、理事等にとって過大であると思われる責任を的確に回避するためにどのように権限を行使し、義務を履行し、責任追及の可能性、リスクを軽減するかを検討しようとするものである（「備えあれば、憂いなし」を実践することが大切である）。本書のこの視点から見ると、新法人制度の法人の理事等に就任する者は、その地位、受ける経済的な利益の割には過大な義務を負わされ、責任を負わされる可能性があることを忘れてはならない（「油断、大敵」である）。

Ⅲ 新法人制度の改正の経過の概要

1 公益法人制度の変遷

従来の法人制度の下においては、民法の定める公益法人（民法33条ないし37条、旧民法38条ないし84条）、商法の定める株式会社等の各種の会社のほか、宗教法人、学校法人等の特別の法律による各種の法人が認め

られていた。法人は、個人とは別に認められる「人」であるが（人は、法律上は、権利・義務の帰属主体という意味である）、個人の活動とは独立に活動し、権利・義務が帰属することが認められ、それだけ個人の活動の範囲が拡大するものである。現代社会においては、社会で占める法人の役割、地位は極めて重要であり、不可欠なものになっている。

　株式会社等の会社（営利法人と呼ばれることもある）が経済の分野で占める役割、地位は圧倒的なものになっているが、国民生活、社会の分野でもその役割、地位はますます拡大しつつある（むしろ強大な力に対する批判もある）。公益法人は、営利法人と比較すると、その数は少ないが、学術、技芸、慈善等の民法33条2項所定の事項を目的とするものであり、公益目的の実現を目指して公益に関する活動を行い、社会全体に有用な役割を果たしてきたものである（公益法人であるからといって、収益事業を行うことができないものではないが、その収益を出資者に配当することなどは公益法人の性質と矛盾する）。また、営利法人にも、公益法人にも属さない法人（中間法人と呼ばれることがあり、各種の協同組合等がこれに含まれるものである）も、これを認める法律の規定に従って設立され、それぞれの役割を果たしてきたところである。

　法人が設立され、法人としての活動が認められると、個人の活動よりも社会における信用が増すことが従来から指摘されているため（個人が同じ活動をしても、個人としての活動よりも、法人としての活動のほうが社会では信用される傾向が見られる）、民法が定める法人制度が厳格にすぎるため、自由な法人の設立、法人の設立範囲の拡大等が提唱されてきたが、他方、法人の濫用、不正の隠れ蓑・温床の増加も指摘されてきた。特に公益法人については、公益を目的とするものであるが（実際に設立されてきた公益法人における公益性は、その内容、程度に相当の濃淡があった）、その設立、運用、監督、税制上の優遇措置に対するさまざまな批判があり、その見直しが相当前から行われてきた。

比較的最近に行われた見直しとしては、たとえば、特定非営利活動促進法（平成10年法律第7号。「NPO法」と略称されることが多いが、今回の法律改正で廃止されなかった）の制定、中間法人法（平成13年法律第49号）の制定（今回の法律改正で廃止された）がある。NPO法人は、公益法人の一類型であるが、設立が容易であることのほか、社会においてNPO法の想定した公益活動に対する需要と期待が多く見られたことから、多数のNPO法人が設立され、活動を行っている（新法人制度の検討の過程では、NPO法の廃止が検討されたが、NPO法人の活動の実績等から独自の法人として存続している）。中間法人法による中間法人は、徐々に利用され始めていたところであるが、新法人制度に含まれるものであり、中間法人法が廃止されたわけである（長期にわたって議論されていた中間法人制度を一般的に認める中間法人法が短期間のうちに廃止されたことに、近年における法人制度の展開が急であったことが窺われる）。

2 新法人制度制定の経緯と構造

これらの法律の制定とは別に、政治、行政の場ではさらに抜本的な見直しが行われた。平成14年3月29日、政府は、「公益法人制度の抜本的改革に向けた取組みについて」を閣議決定し、内閣官房において関係省庁らを交えて検討が開始され、同年8月、論点整理等が行われた。また、平成15年6月27日、政府は、「公益法人制度の抜本的改革に関する基本方針」を閣議決定し、抜本的改革の基本的枠組みを明らかにした。

さらに、平成16年12月24日、政府は、「今後の行政改革の方針」を閣議決定し、改革の基本的枠組みの具体的な方針を示した。その後、内閣官房において法律の立案作業が行われ、平成18年3月10日、「一般社団法人及び一般財団法人に関する法律案」「公益社団法人及び公益財団法人の認定等に関する法律案」「一般社団法人及び一般財団法人に関する法律及び公益社団法人及び公益財団法人の認定等に関する法律の施行に

伴う関係法律の整備等に関する法律案」（公益法人制度改革3法案）が閣議決定され、国会に提出された。

　公益法人制度改革3法案は、平成18年4月20日、衆議院において賛成多数で可決され、同年5月26日、参議院においても賛成多数で可決され、成立したものである（平成18年法律第48号、第49号、第50号）。公益法人制度改革3法は、それぞれ法人法、公益認定法、整備法と略称することができるが、これによって従来の民法上の公益法人制度等が廃止され、新たな法人制度が設けられたのである（新法人制度）。

　法人法は、民法の下において認められていた公益法人の法人格の取得と公益性の認定を別のものとし、剰余金の分配を目的としない社団または財団について（非営利の類型の社団または財団であり、従来の公益法人、中間法人が含まれる）、準則主義によって簡便に法人格を取得することができる法人制度を設けるものであり、法人制度の一般法に属するものである。法人法は、344条からなる大部の法律であるが、一般社団法人と一般財団法人の設立、機関、計算、清算、合併等の規定を定めている。

　一般社団法人と一般財団法人は、伝統的に前者が一定の目的の人の集合に法人格が認められるものであるのに対し、後者が一定の目的の一団の財産に法人格が認められるという違いがあるが、法人法は、この制度を維持している。一般社団法人と一般財団法人は、この基本的な違いを反映し、機関を含む組織の構造、運営、管理が異なる。

　一般社団法人は、2名以上の社員によって設立され、社員総会、理事が必置とされ、定款の定めによって理事会、監事、会計監査人を設置することができる構造になっている。他方、一般財団法人は、設立者が300万円以上の財産を拠出することによって設立され、評議員、評議員会が必置とされるとともに、理事、理事会、監事が必置とされ、定款の定めによって会計監査人を設置することができる構造になっている。

第2章　民法の制度の下における理事会、評議員会の運営と雰囲気

I　新法人制度への移行の検討の実情

　現在、日本各地において、民法の下における公益法人につき新法人制度の下で移行、模様替えの作業が行われ、そろそろ最終段階を迎えつつある。

　多くの人にとって、法人法、公益認定法、整備法に基づく新法人制度がどのような経緯で、何のためであるかも判然としない中、従来の民法の下における公益法人（民法法人）等の見直し、法人の組織替え、法人の類型の選択を迫られている。法人法等の施行後、5年間の準備期間も、あれよ、あれよと過ぎ去り、すでに残る期間が2年余になっている。それぞれの民法法人においてさまざまな検討が行われ、新法人制度の下での公益法人（公益社団法人、公益財団法人）として活動するか、他の法人（一般社団法人、一般財団法人等）に模様替えして活動するか等の法人の類型の選択の決断が迫られているといっても、公益法人として活動するには公的な認定等の手続が必要であり、最終的な確定に至るまでにはさらに相当な手順を踏むことが必要であるだけでなく、公益認定が受けられるかどうかなどにつき不透明、不確定な事情が多すぎる。一般社団法人、一般財団法人等の法人を選択し、理事、監事等の必要な機関を組織し、必要な手続をとるだけで精一杯であるといっても、実際上重要な事柄が忘れられているのではないか懸念される。

民法法人等の制度が新法人制度に改正され、これを推進した向きにはさまざまな背景事情と理由があろうが、新法人制度に新たに重大なリスクと問題を生じさせていることは間違いがない。重大なリスクの一つとして、新法人制度で拡大され、採用された理事、監事、評議員の損害賠償責任の問題（その前提として理事等の義務等の損害賠償責任の法的な根拠が問題になる）がある。

II　民法法人における理事等の選任等の実情

日本全国にいったいどれくらいの公益法人が存在し、活動していたかは興味深いが、政府の調査では、平成17年10月１日の時点で、社団法人が１万2677、財団法人が１万2586を数えていたとされている。

これらの多数の公益法人においては、多数の理事、監事らが選任され、公益法人を運営していたわけであるが（なお、財団法人には、法定の機関ではないが、行政指導によって評議員を置くこととされ、実際にも評議員が選任され、諮問機関等としての評議員会が開催されているところがあった）、たとえば、理事会においては相当多数の人がさまざまな公益法人の理事を兼務していたり、選任当初から多忙で出席することができないことを想定し、理事の代理人が常に出席するなどの事例が見られた。理事は、公益法人、あるいはその設立者との関係から選任される友人、知人、関係者であることが多かったし、相当多数の公益法人においては、常勤の理事は別として、非常勤の理事は年に数回出席し、友好を暖めるといった雰囲気の理事会が開催されることも珍しくなかった。理事に選任される場合には、事業の関係からやむを得ないためとか、公益法人の幹部らから迷惑をかけませんからと言われたことなどから、選任を承諾することは多々見られたところである。

監事についても、多くの公益法人の活動規模、財政規模が小規模であ

ること、主務官庁等の監督があること等の事情はあるものの、年間１、２度の監査を実施するなどの事例が見られた。

　評議員については、財団法人、その設立者、理事らの関係から選任される友人、知人、関係者であることが多く、財団法人において年に１、２度の評議員会に出席し、財団法人の運営の報告を受け、意見を述べるなどの機会が見られた。

　公益法人の運営は、設立の目的が公益であるとしても、収益事業を行うことは可能であったし、実際にも収益事業を行う公益法人は少なくなかった。公益法人がその運営にあたって、理事が定款・寄附行為に反する運営を行ったり、その職務に反する運営を行ったりする事例があったし（公益法人に損失が生じることになる）、不正・不当な取引を行うことによって取引の相手方が損失を被ることがあったし、さらに運営が悪化し、事実上破綻する事例もあった。また、公益法人の理事らの間に対立が生じ、あるいは公益法人が身売りする等した場合には、一方の理事らが他方の理事、前任の理事らの責任を追及したりする事例も見られたところである。

III　民法法人制度の下における理事等の権限・義務の概要

　民法法人制度の下においては、理事は、１人または数人の選任が必要とされ（旧民法52条１項。必置機関であり、常設機関である）、数人の理事が置かれた場合には、定款または寄附行為に別段の定めがないときは（社団法人の根本規則が定款であり、財団法人の根本規則が寄附行為である。なお、新法人制度の下では、一般社団法人、一般財団法人ともに根本規則は定款である）、理事の過半数で法人の事務を判断し、決定することになっていた（旧民法52条２項。なお、民法法人の下においては、民法上の規定

はなかったが、理事会が設置されることがあった)。民法法人の代表については、理事が代表することができるが(旧民法53条本文。なお、代表理事を定める等したときは、善意の第三者に対抗することができないとされていた。旧民法54条)、定款の規定または寄附行為の趣旨に反することはできず、社団法人の場合には、総会の決議に従わなければならないとの制限を受けていた(同法53条但書。なお、同法63条参照)。理事が民法法人との利益が相反する事項については、理事は代理権を有しないとされていた(旧民法57条)。理事と民法法人との関係は、民法上明文の規定はなかったが、その選任にあたって委任契約が締結されたものと解することができるものであった(民法643条以下。準委任関係を含む)。なお、理事の選任は、理事の任免に関する規定を定款または寄附行為に必ず記載することが必要になっているため(旧民法37条5号、39条、40条)、この規定に従って選任されたものである。

　他方、監事は、1人または数人の選任をすることができるとされ(旧民法58条。任意の機関である)、監事を置くかどうかは、各民法法人の裁量に委ねられていたが、多くの民法法人では監事が置かれていた。監事は、法人の財産の状況を監査すること、理事の業務の執行の状況を監査すること、財産の状況または業務の執行について、法令、定款もしくは寄附行為に違反し、または著しく不当な事項があると認めるときは、総会または主務官庁に報告をすること、報告のために必要があるときは、総会を招集することが職務であった(旧民法59条)。監事と公益法人との関係は、民法上明文の規定はなかったが、その選任にあたって委任契約が締結されたものと解することができるものであった(民法643条以下。準委任関係を含む)。なお、監事の選任は、定款、寄附行為に定めがある場合には、その定めによるほか、総会の決議によって選任することができるとの見解があった。

　公益法人は、民法の規定に基づき設立されたもの(民法法人)のほか、

これを前提としながらも、宗教法人法、私立学校法等の特別の法律に基づき設立されたものもあるが、本書では、特段の指摘をしない限り、前者の民法法人である公益法人を前提として説明をする。

Ⅳ　理事、監事の責任問題

　民法法人制度の下、理事、監事の法的な責任については、たとえば、理事の権限・義務に関する旧民法の規定は簡単なものであり、一見すると、単純な権限・狭い義務が認められており、理事の責任も軽いもののようであった。しかし、旧民法の下における理事の権限については、代表権、業務執行権が広く認められていたものであるし、義務については、法令、定款・寄附行為を遵守すべき義務は当然に負い、善管注意義務を負うものであったから、広範な権限・義務が認められていたということができる。また、実際に民法法人において理事の不正行為が発覚したり、従業員の不正行為につき理事の監督過誤が発覚したりした事例が時々マスコミを賑わせたり、裁判例として公表されることがあった（ほかにも、理事が辞任を余儀なくされたり、解任されたりした事例もあったし、主務官庁の監督権が行使された事例もあった）。宗教法人、学校法人の事例まで広げて概観してみると、法人内の理事等の対立抗争があり（対立抗争の中で相手方の不祥事、不正行為、誹謗中傷が行われることが多い）、理事等の不正行為が裁判例において問題になった事例も少なからず見られたところである。

　監事については、任意機関であったが、設置された場合には、財産状況の監査、理事の業務執行状況の監査等の広範な権限・義務が認められていたものである（監事としての善管注意義務をも負っていた）。民法法人の監事の責任が裁判例上問題になった事例を見出すことは困難であるが、監事の権限・義務の内容に照らすと、その責任を問われる可能性は

あったということができよう（民法法人の不祥事が発覚した場合には、辞任、解任の事例はあったと推測される）。

　民法法人制度の下においては、民法法人は、定款・寄附行為に定められた公益目的のためにさまざまな公益活動を行っていただけでなく、収益活動をも行い、資産の運用も行っていたものである。このような民法法人の諸活動は、法人自身、あるいは法人と取引関係にある者等に損失が生じる可能性があるが、損失が生じた場合、自ら損失を受忍する者ばかりではない。損失が発生し、自ら受忍したくないと考える場合には、他にその損失の負担を転嫁することになるが、他に転嫁しようとする者に法的な根拠を与えるのが法律であり、判例、裁判例の内容、動向であるし、他に転嫁することを決断するのがその者の意志、意識、社会常識の動向等の諸事情である。また、損失の転嫁先としては、損失の発生の原因になった法人の活動、取引に関与した者（この関与としては、積極的な行為に限らず、消極的な不作為、権限の不行使も含まれる）、たとえば、法人のほか、理事、監事、従業員が考えられ、誰を転嫁先とするかは、法的な根拠、証拠の存否・内容、損害賠償責任を負担することができる資産等を考慮し、損害賠償を請求する者の選択に委ねられている。

　従来、公益法人の理事等の責任が問題になった裁判例は少ないが、この原因は、民法の理事等に関する規定の内容が無関係であるとはいえないものの、民法法人を取り巻く諸事情によるところが大きいものであり、過去の裁判例、事例の状況が新法人制度の下でどの程度参考になるかは疑わしい。過去は過去にすぎないのである。新法人制度の下において理事等の責任がどのようになるかは、新法人制度に関する法律の規定のみならず、新法人を取り巻くさまざまな環境、事情によって大きく影響を受けるものであるから、新たな観点から検討すべき必要性が高い。

第3章　新法人制度の概要(1)

I　一般社団法人における理事、監事

1　一般社団法人、一般財団法人の理事等に必要な知識

　理事、監事に関する民法の規定は、すでに紹介したとおりであり、簡単な規定が設けられていたわけであるが、法人法は、詳細な規定を設けている。法人法は、民法の規定と比較すると、読むだけでも相当な辛抱と努力が必要であるが、一般社団法人、一般財団法人の理事等に就任しようとする者、あるいは就任した者はこの辛抱と努力を放棄することは危険である。一般社団法人、一般財団法人の理事、監事になる者としては、少なくともこれらの諸規定につき最小限度の知識を得ておくことが必要である。法人法の理事等に関する規定についてどの程度知識を得ておくかは、上限はなく、法人法の規定のほか、関連する判例、裁判例について十分な情報を得ておくことも無駄ではないが、時間、手間、記憶力・理解力の限界を考慮すると、できるだけ知識を得ておくことが理事等の職務に伴うリスクを軽減する重要で現実的な方法である。

　理事等の中には、法律の規定とか、判例などといった技術的な事項、事務的な事項については、部下が十分に勉強したうえで要約し、整理したうえで説明をしてくれれば足りるといった他人任せの者も少なくないであろう。このような姿勢であっても、理事等の責任が現実化しないことがあることは確かであるが、運・不運があることもまた世間の現実で

ある。法人の事務局等を信頼し、他人任せにしたところ、不運にも法人の不正取引、不祥事等が発覚し、理事等の責任が追及される事態が生じたような場合、他人任せにしたツケに苦しむおそれがないではない。「転ばぬ先の杖」が理事等にとっても必要である。しかも、この杖は何本あってもよいのである。

2　一般社団法人の機関の基本構造

　法人法の構造を概観すると、法人法は、まず一般社団法人に関する規定を設け、次に一般財団法人に関する規定を設けている。一般財団法人の理事等の役員の義務、責任等については特段の規定を設けたほか、一般社団法人に関する規定を準用する構造になっている（このような構造になっていることがなかなか読みにくくしている原因の一つでもある。法人法は、法人の利用者の立場に立って作成されているとはいいがたいが、今、このような不満をもっても仕方のないことであろう）。

　一般社団法人には、社員総会のほか、1人または2人以上の理事を置くことが必要であり（法人法60条1項）、定款の定めがあるときは、理事会、監事または会計監査人を置くことができるものである（法人法60条2項）。理事会、監事または会計監査人は、必置の機関ではないが、理事会設置一般社団法人、会計監査人設置一般社団法人には監事を置くことが必要であり（法人法61条）、大規模一般社団法人には会計監査人を置くことが必要である（法人法62条）。

　理事会設置一般社団法人とは、一般社団法人においては理事会の設置が任意であるところ、理事会を設置した一般社団法人のことをいう。

　会計監査人設置一般社団法人とは、一般社団法人においては会計監査人の設置が任意であるところ、会計監査人を設置した一般社団法人のことをいう。

　大規模一般社団法人とは、大雑把にいえば負債の額が200億円以上で

ある一般社団法人のことであるが、正確な定義は法人法2条2号に定められている。

一般社団法人は、機関構成の観点からみると、一番簡単な組織のものは理事1人のものから、一番複雑なものは複数の理事、理事会、監事、会計監査人が設置されたものまでの種類がある。

3 理事等の基本的義務──善管注意義務

役員(法律上は、理事、監事をいうものとされている。法人法63条1項)は、社員総会の決議によって選任される(法人法63条1項)。監事の選任については、理事は、監事の選任に関する議案を社員総会に提出するには、監事(監事が2人以上ある場合にあっては、その過半数)の同意を得ることが必要である(法人法72条1項)。一般社団法人と役員との関係は、委任に関する規定に従うとされている(法人法64条)。

一般社団法人の理事、監事について、その権限、義務、責任を理解するためには、法人法の規定だけでなく、民法の委任に関する規定を理解しておくことが必要になる。民法は、委任者と受任者との間の委任契約に関する各種の規律を定めているが、一般社団法人の場合、委任者は法人であり、受任者は理事、監事である。民法には、受任者の義務、責任に関する規定が定められており、たとえば、受任者の注意義務(民法644条。この注意義務は、善管注意義務と呼ばれている)、報告義務(民法645条)、受取物の引渡し等の義務(民法646条)、金銭の消費についての責任(民法647条)がある。受任者の法的な責任が追及される場合には、民法の委任に関する受任者の義務、責任が根拠として主張されることが通常であるから、理事、監事としては、これらの規定についても一読しておくことが重要である。なお、前記の善管注意義務の違反をめぐる法律問題が生じることが多いが、実際にも善管注意義務違反に関する判例、裁判例は多数公表されている。理事、監事にとっては、委任契約上認め

られる善管注意義務は基本的な義務であり、重要な義務である。

4　理事の業務執行に伴うリスク

　理事の職務は、まず、定款に別段の定めがある場合を除き、一般社団法人の業務を執行し（理事会設置一般社団法人の場合には、別の定めがある。法人法76条1項）、理事が2人以上ある場合には、定款に別段の定めがある場合を除き、業務の執行を理事の過半数をもって決することになっている（法人法76条2項）。理事の業務執行は、法人法の関連規定が重要であるだけでなく、定款の規定も重要であり、理事にとっては常に定款の規定を遵守することが必要である。

　理事の業務執行は、業務の内容が一般社団法人の事業の種類、内容、規模によって多様であるが、法人内部に関係する業務、外部の者と関係する業務があり、業務の遂行上、絶えず損失発生の可能性があるため、理事の業務執行にあたっては相当のリスクが伴うことになる。理事が業務を執行する場合、法令、定款を遵守することは当然であるとしても、法人の目的を達成するために業務を適切かつ効果的に執行するとともに、業務の執行が将来の法人の運営に影響を与えるものであり、予測的な判断を行って業務を執行することが必要である（業務を執行する場合、その検討、判断、執行、現実的に効果の発生等の各段階をみると、予測外の結果が生じることは少なくないが、それだからといって、理事の検討、判断、執行が誤っていたというべきではない）。理事の業務執行が一般社団法人にとって損失発生の可能性があり、将来の予測が困難であることがあるとすると、理事の業務執行が結果的に法人に損失を強いる事態が生じることがありうるため、理事の業務執行にはリスクが付きまとうものである。

　また、一般社団法人の規模によっては、理事が業務執行のために一般社団法人の事業全体に目を配ることが極めて困難になることがある（こ

のような目配り、注意が事実上不可能な一般社団法人も多い）。理事が業務を執行する場合、業務の企画、情報収集、交渉、文書作成、法令・定款遵守、利害得失の検討、必要な手続の遵守、執行の判断、一般社団法人としての意思決定、対外的な行為等の過程を経て行うことが必要であるが、これらの業務執行の過程すべてを理事が行うことが必要ではないものの（これらの一連の業務執行の過程を理事のみが行うことは事実上不可能である）、少なくとも法令・定款の遵守、執行の判断、一般社団法人としての意思決定、対外的な行為を理事が行うことが必要になる。

　理事が業務執行を行う場合、理事が実際に関与することができる範囲、程度は限定されざるを得ないわけであるから、一般社団法人に業務執行のための適切な組織を構築し、適切な人員を配置し、組織と人員を適切に運用して組織的に業務を執行することが通常であり、このような組織の構築、運用を指揮、監督することが理事にとって極めて重要な業務執行になる。近年、株式会社を中心にして内部統制体制（システム）の構築とか、リスク管理体制の構築が重視されているのは、株式会社等を取り巻く経営環境、経済情勢を反映したものであり、これらの体制構築・運用義務が取締役の重要な職責になっているが、この動向が一般社団法人、一般財団法人等にも及んでいるのである。

　理事が2人以上ある場合には、従たる事務所の設置、移転および廃止、社員総会の招集事項、理事の職務の執行が法令および定款に適合することを確保するための体制その他一般社団法人の業務の適正を確保するために必要なものとして法務省令で定める体制の整備、理事らによる免除に関する定款の定めに基づく責任の免除の事項については、業務の執行を各理事に委任することができないとされている（法人法76条3項。明記された事項以外の事項は、各理事に執行を委任することができる）。このような事項については、理事の過半数で決定することが必要である。これらの事項のうち、理事の職務の執行に関する体制の整備は、内部統制

体制とか、法令遵守体制と呼ばれることがあるが、法務省令である一般社団法人及び一般財団法人に関する法律施行規則（法人法施行規則）13条1項は、理事の職務の執行に係る情報の保存および管理に関する体制、損失の危険の管理に関する規程その他の体制、理事の職務の執行が効率的に行われることを確保するための体制、使用人の職務の執行が法令および定款に適合することを確保するための体制であると定めているところであり、これらの体制の整備が重要な事項であることを反映している。また、理事が2人以上である一般社団法人である場合には、業務の決定が適正に行われることを確保する体制を含むものとされている（法人法施行規則13条2項）。さらに、監事が設置されている場合には、前記の事項に加えて、監事がその職務を補助すべき使用人を置くことを定めた場合における当該使用人に関する事項、当該使用人の理事からの独立性に関する事項、理事および使用人が監事に報告をするための体制その他の監事への報告に関する体制、その他監事の監査が実効的に行われることを確保するための体制を含めて定めることが必要であるとしている（法人法施行規則13条3項）。

　理事は、代表理事その他一般社団法人を代表する者を定めた場合を除き、理事が一般社団法人を代表し、理事が2人以上ある場合には、各自、一般社団法人を代表するものである（法人法77条1項・2項。なお、その権限の範囲については、法人法77条4項・5項参照）。代表理事の選任については、代表理事は、理事会設置一般社団法人を除き、定款、定款の定めに基づく理事の互選または社員総会の決議によって、理事の中から選任される（法人法77条3項）。

5　理事の法令等の遵守義務、忠実義務

　理事は、法令および定款並びに社員総会の決議を遵守し、一般社団法人のため忠実にその職務を行わなければならないとされ（法人法83条）、

法令等の遵守義務、忠実義務を負うことが明記されている。具体的には、理事は、法令および定款並びに社員総会の決議を遵守し、一般社団法人のために忠実にその職務を行わなければならないとされている（法人法83条）。

　この法令等の遵守義務、忠実義務は、理事の責任追及にとっては重要な義務、法的な根拠を定めるものであり（少なくとも従来の取締役の損害賠償責任が追及された判例、裁判例に照らして、法人の経営者である理事にとってもこのように評価することには十分な根拠がある）、理事として業務を執行するにあたっては常に留意することが必要な規定である。法令等の遵守義務、忠実義務については、その一般社団法人における意義、機能等の観点からさまざまな評価は可能であるが、見方を変えれば、理事にとっては、広範な義務を認めるものであり、義務の内容が抽象的なところがあるため、理事の責任を追及しようとする者にとって簡便に主張することができる法的な根拠を与えるものであることに十分な注意をすることが重要である。

　法令等の遵守義務については、遵守の内容が法令、定款、社員総会の決議であり、社員総会の決議は一般社団法人としては決議の内容を熟知し、記録として保管されているはずであるから、その遵守は困難ではないであろう。また、定款の遵守についても、定款の内容、権限・義務の要件にもよるが、定款が一般社団法人の基本原則を定めたものであることから、その遵守が困難であるとはいえないであろう（定款の規定によってはその遵守をしたことが明白であると主張し、証明することができると言い切れないことがある）。他方、法令の遵守については、遵守すべき法令の内容は、法人法に限られないものであり、一般社団法人の事業に関係する法令を広く含むものであるから、その確実な遵守を図ることは相当に困難である（法令の解釈、適用にはさまざまな議論が必要であることから、法令を遵守したことが明白であると主張し、証明することができると

言い切れないことが少なくない)。従来から株式会社等のさまざまな類型の法人について、取締役等の経営者の法令等の遵守義務違反、忠実義務違反が問題になった裁判例は少なくないものであり、実際に一般社団法人の理事の法令等の遵守義務違反、忠実義務違反が問われた場合には、従来の取締役等の裁判例も事例として参考とされることになろう。

6 理事の守秘義務、善管注意義務

　法人法上、理事の義務として明記されていないが、たとえば、理事が一般社団法人の秘密を知る機会が多いところ、守秘義務を負うと解するのが相当であり、その根拠として忠実義務を援用することもできよう(後記の善管注意義務も根拠とすることができよう)。理事として就任する場合、守秘義務を負う旨の合意書、誓約書を作成して交付することもあるし、理事の退任後にも守秘義務を負う旨の合意書等を作成することもある。

　善管注意義務が理事等にとって基本的で重要な義務であることは前記のとおりであるが、善管注意義務も、理事にとって忠実義務と同様な性質を有する広範な義務を認め、義務の内容が抽象的であるため、理事の責任を追及しようとする者にとって簡便に主張することができる法的な根拠を与えるものである(実際、株式会社の取締役の責任が問題になった場合、裁判例において善管注意義務違反が主張されることが多く、多数の裁判例が公表されている)。善管注意義務は、受任者は、委任の本旨に従い、善良な管理者の注意をもって、委任事務を処理する義務を負うというものであり(民法644条)、一般社団法人の理事の場合には、受任者である理事は、理事の職責に関する委任の本旨に従い、理事としての善良な管理者の注意をもって、理事の業務を執行する等、理事の職務を遂行する義務を負うことになり、理事の善管注意義務違反は、理事の職責に関する委任の趣旨に従った職務の遂行をしたかとか、理事としての善良な管

理者の注意を怠ったかとかの問題が生じることになり、その判断基準は、通常の理事として相当の職務の遂行をしたかどうかによることになろう。通常の理事といっても、その具体的な基準として明確でないが、実際には、訴訟において裁判官が判断することになり、その予測は困難である。

7 競業取引・利益相反取引の制限

　理事は、競業および利益相反取引の制限を受けるものであり、具体的には、理事が自己または第三者のために一般社団法人の事業の部類に属する取引をしようとするとき、理事が自己または第三者のために一般社団法人と取引をしようとするとき、一般社団法人が理事の債務を保証することその他理事以外の者との間において一般社団法人と当該理事との利益が相反する取引を行おうとするときには、社員総会において、当該取引につき重要な事実を開示し、その承認を受けることが必要であるとされている（法人法84条1項1号。なお、民法108条所定の自己契約および双方代理に関する規定は、社員総会の承認を受けた場合には、適用されないとされている。法人法84条2項）。

　理事の競業の制限については、理事は、理事が自己または第三者のために一般社団法人の事業の部類に属する取引をしようとするときは、社員総会の承認を受けること等が必要になるというものである（理事の競業避止義務と呼ぶこともできる）。自己または第三者のためにという意義につき形式（名義）で判断するのか、実質（計算）で判断するのかが議論されており、見解が分かれている。一般社団法人が特定の事業を行っている場合、理事が個人で、あるいは他の個人、法人（一般社団法人、一般財団法人に限られない）のために一般社団法人が行っている同一の事業、類似の事業を行おうとすると、この制限を受ける。理事が一般社団法人の理事とともに、他に事業を行っていたり、他の法人の事業に関与していたり、さらに理事の経験を活かしたりする場合には、競業の制

限を受けることになる。理事が他の法人の役員に就任していたりした場合には、競業の制限違反を指摘されるおそれがあるから、理事への就任の打診等の段階から、競業の制限について十分に理解しておくことが不測の事態を招かないようにするために重要である。

利益相反取引の制限については、理事は、

① 理事が自己または第三者のために一般社団法人と取引をしようとするとき

② 一般社団法人が理事の債務を保証しようとするとき

③ その他理事以外の者との間において一般社団法人と当該理事との利益が相反する取引を行おうとするとき

は社員総会の承認を受けること等が必要になるというものである（法人法84条1項2号・3号）。理事にとっては、これらの利益相反の類型を理解することが容易ではないが、②の類型の場合には、それでもわかりやすい。①の類型の場合には、直接取引と呼ばれているが、自己または第三者のためにという意義につき形式（名義）で判断するのか、実質（計算）で判断するのかが議論される等していてわかりにくいところがある。形式（名義）によるとする見解に立つと、自己の名で、または第三者の代理人、代表者としてと解することになる。③の類型の場合には（②、③の類型の場合には、間接取引と呼ばれている）、理事が一般社団法人の損失・犠牲によって利益を得るような取引を行うことは、その形式を問わず、利益相反取引として制限を受けるものである（②の場合が典型的な事例である）。理事は、一般社団法人の業務を自ら判断し、執行することができるものであり、一般社団法人の損失・犠牲によって利益を得たり、一般社団法人の利益の機会を奪ったりするおそれが常にあるため、利益相反取引として制限を受けるわけである。民法法人制度の下においては、民法法人の理事として利害関係のある者が就任する事例は少なくなかったが（民法法人の場合にも利益相反取引の制限があった）、利益相反

取引に関する認識が必ずしも十分ではなく、利益相反取引の制限違反による責任に関する認識も薄弱であったところであり、従来の認識のまま利益相反取引を行うことは、理事にとって相当なリスクを抱えることになる（理事の利益相反取引を見逃し、容認した他の理事、あるいは監事がいた場合には、同様にリスクを生じさせることになる）。

なお、競業取引、あるいは利益相反取引に当たらない取引を理事が行った場合であっても、一般社団法人に損失が生じ、他方、理事がこの取引によって不当な利益を得るようなときは、事情によっては忠実義務違反、善管注意義務違反が問われ、義務違反が認められる余地がある。

8 著しい損害を及ぼすおそれのある事実の報告義務

理事は、一般社団法人に著しい損害を及ぼすおそれのある事実があることを発見したときは、直ちに当該事実を社員に報告することが必要であり、監事設置一般社団法人の場合には、監事に報告することが必要である（法人法85条）。理事が経営する一般社団法人が取引を行い、建物、設備を管理したり、資金を運用したりする場合、損失が生じる可能性が常にあるということができるし、事情によっては著しい損害が発生する可能性もあり（不正取引、不祥事の発生する可能性もある）、その発生が蓋然性の程度に高まることがある。理事の業務執行に問題があるかどうか等を問わず、一般社団法人に著しい損害を及ぼすおそれがある事実があることを発見した場合、理事は、その事実を社員に直ちに報告する義務（監事が設置されているときは、監事に報告する義務）があるが、これによって社員、監事が一般社団法人の損害を回避し、あるいは軽減することができる機会を提供することになる。

なお、理事としても、このような事実を発見した場合、理事の権限を行使することによって、あるいは義務を誠実に履行することによって損害の発生を回避し、損害を軽減することが必要である。

9　理事会と理事との職務・権限の分配

　理事会が設置された一般社団法人（理事会設置一般社団法人）の場合には、理事会の職務と理事の職務の分配（見方を変えれば、権限の分配になる）が必要になるため、各種の規定が設けられている。

　理事会は、すべての理事によって構成される（法人法90条1項）。

　理事会は、まず、業務執行の決定、理事の職務の遂行の監督、代表理事の選定および解職の職務を行う機関であり（法人法90条2項）、代表理事の選任については、理事の中から選任することが必要である（法人法90条3項）。理事会が設置された一般社団法人において、理事は、理事会の構成員として理事会に出席することが必要である。従来の民法法人の理事会は、任意の機関であり、理事の多くは理事本人が理事会に出席することに努めていたと推測されるが、理事会によっては書面決議とか、代理出席も認められていたところもあったようである。一般社団法人の理事会においては、理事本人が理事会に出席することが必要であるから、従来の慣行に慣れ親しみ、出席を怠ると、理事の責任を追及されるリスクが高まることに注意が必要である。

　理事会と理事との間の職務の分配については、理事会は、①重要な財産の処分および譲受け、②多額の借財、③重要な使用人の選任および解任、④従たる事務所その他の重要な組織の設置、⑤変更および廃止、⑥理事の職務の執行が法令および定款に適合することを確保するための体制、⑦その他一般社団法人の業務の適正を確保するために必要なものとして法務省令で定める体制の整備、⑧理事らによる免除に関する定款の定めに基づく責任の免除の事項、⑨その他重要な業務執行の決定、を理事に委任することができないと定められており（法人法90条4項）、理事会において決定することが求められている。

　これらの事項のうち、理事の職務の執行に関する体制の整備は、理事

会設置一般社団法人については、①理事の職務の執行に係る情報の保存および管理に関する体制、②損失の危険の管理に関する規程その他の体制、③理事の職務の執行が効率的に行われることを確保するための体制、④使用人の職務の執行が法令および定款に適合することを確保するための体制、⑤監事がその職務を補助すべき使用人を置くことを定めた場合における当該使用人に関する事項、当該使用人の理事からの独立性に関する事項、⑥理事および使用人が監事に報告をするための体制その他の監事への報告に関する体制、⑦その他監事の監査が実効的に行われることを確保するための体制を含めて定めることが必要であるとされている（法人法施行規則14条）。

　理事会において決定すべき事項については、理事として遵守すべきであることは当然であるから、理事会の開催、審議、決定の手続が遵守されることを理事として注意することが必要である。従来の民法法人の時代の慣行から特定の理事に一任することなどが許されないから、従来の慣行に慣れ親しんだ理事は特に注意を払っておくことが重要である。

10　理事の監督義務

　理事会設置一般社団法人の理事は、理事会を前提とし、理事の職務を遂行することになるが、業務の執行については、代表理事、代表理事以外の理事であって理事会の決議によって業務を執行する理事として選任されたものが行うものとされている（法人法91条1項）。理事会設置一般社団法人においては、代表理事、業務執行理事は、3カ月に1回以上、自己の職務の執行の状況を理事会に報告することが必要である（法人法91条2項本文。そのために、理事会が開催されることが必要である。なお、法人法91条2項ただし書には、定款で毎事業年度に4カ月を超える間隔で2回以上その報告をしなければならない旨を定めた場合には、例外的に定款の定めによって理事会を開催して報告をすることができるとされている）。理

27

事会設置一般社団法人においては業務執行理事を置くことが認められるわけであるが、代表理事、業務執行理事以外の理事は、理事会に出席し（審議等を行うことは当然である）、業務執行の決定、理事等の業務執行の監督が主要な職務になる。代表理事、業務執行理事の報告を受けて、業務の執行状況につき質問をし、事実関係の調査を求め、あるいは適切な業務執行を求め、不正・不当な事態の是正を求めることも、理事の重要な職務になる。

　理事会設置一般社団法人の理事についても、競業および利益相反取引の制限を受けるが、この場合には、理事は、理事会に重要な事実を開示し、その承認を受けることが必要である（法人法92条1項。なお、理事は、取引をした後、遅滞なく当該取引についての重要な事実を理事会に報告することが必要である。法人法92条2項）。

　また、理事は、他の理事の職務の遂行を理事会の一員として監督することも重要な職務の一つである。なお、近年は、法人の経営、業務の遂行につき法令の遵守義務が強調される時代になっていることから、一般社団法人においても法令の遵守体制の構築、運用義務が理事にとって重要な義務とされることに注意を払うことが必要である（そのための体制整備が必要であることは前記のとおりである）。一般社団法人であれ、一般財団法人であれ、他の類型の法人であれ、資産を保有し、資金を調達し、事業活動等の活動を行っていると、理事等の経営者・運営者による不正行為や、従業員等による不正行為が行われたり、損失が生じたりすることがありうるものであり（不正行為、損失の不当な隠蔽も行われることがある）、このような不正行為の防止、事後の適切な対応が理事等に求められるものである。理事会設置一般社団法人の理事は、他の理事の不正・不当な業務執行、従業員の不正行為等につき監督義務を負うとともに、法人内に適切な内部組織・内部統制システムを構築し、運用する義務を負うものであり、この義務を適切に履行することも重要である。

理事会は、従来の民法法人においては、一部の理事会で友人同士のクラブや仲良しクラブのような雰囲気のものが見られたが、理事の監督義務に照らすと、理事会設置一般社団法人における理事会は従来の理事会の延長線上にないだけでなく、相当に異なる職務の遂行、姿勢を期待されていることに注意が必要である。従来の民法法人の理事の経験がある者にとっては、理事としての意識と姿勢の大きな転換が必要である。

11　一般社団法人の理事の権限・義務の概観

　一般社団法人における理事の権限・義務を法人法の条文に沿って列挙してみると、前記のものを含め、
①　社員総会招集権（法人法36条3項）
②　社員総会参考書類・議決権行使書面の交付義務（法人法41条、42条）
③　社員総会における説明義務（法人法53条）
④　業務執行権（法人法76条、91条）
⑤　法人の代表権（法人法77条）
⑥　忠実義務（法人法83条）
⑦　競業に関する承認取得義務（法人法84条、92条）
⑧　利益相反取引に関する承認取得義務（法人法84条、92条）
⑨　損害報告義務（法人法85条）
⑩　理事会招集権（法人法93条、94条）
⑪　理事会における議決権（法人法95条）
⑫　一般社団法人に対する損害賠償責任の一部免除に関する開示義務（法人法113条2項）
⑬　定款に基づく一般社団法人に対する損害賠償責任の一部免除権（法人法114条）
⑭　計算書類等の承認権（法人法124条3項）
⑮　計算書類等の社員への提供義務（法人法125条）

⑯ 計算書類等の定時社員総会への提出・提供義務（法人法126条1項）

⑰ 事業報告内容の定時社員総会への報告義務（法人法126条3項）

⑱ 計算書類の定時社員総会への報告義務（法人法127条）

等があり、実に多様で、多数の権限、義務が法人法上明記されている。

　なお、公益認定法においても、公益社団法人の理事については特別の義務が定められているし、法人法、公益認定法に一般社団法人、公益社団法人の義務として定められている義務も法律の規定の解釈上理事の業務執行上の義務と解されることがある。このほか、定款の定め、理事会規程によっても権限・義務が定められることがあるし、理事としての業務を執行等するにあたって業務に関係する法令上の諸規制も遵守することが必要である。

　理事は、以上のような多様な内容の権限を有し、義務を負うものであり、定款、法人内部の諸規程も遵守しながら、適切に権限を行使し、義務を適切に履行することが必要である。理事にとっては、事務局の準備作業、事務処理を踏まえながら、権限を行使し、義務を履行することになるが、法人内部の組織、システムを信頼することができるとしても、権限・義務の内容を理解することだけでも簡単な事柄ではない。理事が適切に権限を行使し、義務を適切に履行することは相当に大変な事柄であるし、緊急事態、非常事態が発生したような場合には、相当に困難な検討、判断、行動が必要になる。代表理事、業務執行理事以外の理事にとっては、平常時における権限の行使、義務の履行はさほどの困難、リスクは伴わないとしても、このような慣れが身に付いていると、緊急事態、非常事態を認識することができず、権限の行使、義務の履行が後日問題視される可能性がある。理事としては、日頃から一般社団法人、その理事、その従業員等の諸活動、そのリスク、損失の発生等につき注意を怠らないようにすることが理事の法的な責任のリスクを軽減させるために重要である。

前記の列挙した理事の権限・義務をより詳細に眺めてみると、次のようになっている。

II 一般社団法人の理事の権限・義務の詳解

1 社員総会招集権（法人法36条3項）

社員総会は、社員による招集の請求の場合は別として、理事が招集することになっている。これは、理事にとっては、権限であるとともに、義務になることもある（法人法36条1項）。

2 社員総会参考書類・議決権行使書面の交付義務（法人法41条、42条）

理事は、社員総会を招集する場合、社員総会に出席しない社員が書面によって議決権を行使することができることとするときは、その旨を定めるとともに（法人法38条1項3号）、招集の通知に際して、社員総会参考書類、議決権行使書面を社員に対して交付する義務（法人法41条1項）を負うなどとされている（法人法41条2項、42条）。

3 社員総会における説明義務（法人法53条）

理事は、社員総会において、社員から特定の事項について説明を求められた場合には、当該事項について必要な説明をしなければならないものであり（法人法53条本文。この義務は説明義務と呼ばれている）、例外として、当該事項が社員総会の目的に関しないものである場合、その説明をすることにより社員の共同の利益を著しく害する場合その他正当な理由がある場合として法務省令が定める場合には、説明義務を負わないものである（法人法53条ただし書）。

前記の正当な理由があるとして法務省令で定める場合としては、①社員が説明を求めた事項について説明をするために調査をすることが必要である場合（当該社員が社員総会の日より相当の期間前に当該事項を一般社団法人に対して通知した場合、当該事項について説明をするために必要な調査が著しく容易である場合を除く）、②社員が説明を求めた事項について説明をすることにより一般社団法人その他の者（当該社員を除く）の権利を侵害することとなる場合、③社員が当該社員総会において実質的に同一の事項について繰り返して説明を求める場合、④これら以外の場合のほか、社員が説明を求めた事項について説明をしないことにつき正当な理由がある場合、が定められているところであり（法人法施行規則59条）、理事が説明義務をめぐる判断をするにあたって参考になる。理事の説明義務は、社員総会において社員から質問があった場合、説明義務の対象になるか、説明をすべき場合であるとしても、どの程度、範囲で説明すべきであるかが問題になるものであって、社員総会の開催の前にある程度検討しておくことが賢明である。

　なお、取締役も株主総会において説明義務を負うものであり、株主総会の時期には多くの株式会社で事前に株主総会のリハーサルが実施されているが、社員総会において賑やかな議論が行われることが予想される場合には、社員総会のリハーサルが必要になることもあろう。

4　業務執行権（法人法76条、91条）

　理事の業務執行権については、その基本はすでに紹介したところであるが、理事会が設置されている一般社団法人であっても、設置されていない一般社団法人であっても、理事の業務執行権は理事にとって広範で重要な権限になる。業務執行を担当する理事としては、業務の執行に関係する法令、定款を遵守し（近年は、さらに社会通念、社会常識にも配慮することが求められている）、所属する法人のために忠実に職務を遂行す

るとともに、業務の性質・内容、前提となる状況を考慮して善良な管理者としての水準（通常の理事の水準）で具体的な業務を判断し、適切に執行することが必要である。

　理事が業務を執行するにあたって、不正、不当に権限を行使したような場合には、理事の責任が問われる可能性があり、理事の業務執行権は、見方を変えると、理事にとっては、適法、適切に業務執行を行うべき義務という側面もある。

5　法人の代表権（法人法77条）

　理事の代表権は、理事会の設置された一般社団法人と設置されていない一般社団法人とで異なる。

　理事会の設置された一般社団法人の場合には、理事会が理事の中から代表理事を選定するものであり（法人法90条2項・3項）、代表理事が代表権を有するものである。代表理事は、一般社団法人の業務に関する一切の裁判上または裁判外の行為をする権限が認められている（法人法77条4項）。

　他方、理事会の設置されていない一般社団法人の場合には、理事は、代表理事その他一般社団法人を代表する者を定めた場合を除き、代表権を有するものであり（法人法77条1項）、原則として各理事が代表権を有するものである。この場合、代表理事を定めることができるが、その選定方法としては、定款、定款の定めに基づく理事の互選または社員総会の決議である（法人法77条3項）。代表権を有する理事は、一般社団法人の業務に関する一切の裁判上または裁判外の行為をする権限が認められている（法人法77条4項）。

　代表権は、法人にとって必要不可欠な権限であるだけでなく、これを行使する代表理事にとっても対外的な行為全般を行う権限であり、極めて重要な権限である。代表権は、その権限の行使を誤ると、一般社団法

人に損失が生じるおそれがあるため、対外的な行為に伴うリスクにも配慮しながら、慎重に権限を行使することが重要である。代表理事は、一般社団法人と取引等を行う者にとって直接に対応する者であるし、一般社団法人の顔というべき存在であるから、一般社団法人の外部の者にとって法的な責任を追及する対象になりやすく、それだけ多くリスクにさらされることになる（株式会社の取締役の法的な責任が問題になった事例に照らしても、代表取締役が法的な責任にさらされる事例は多いということができる）。

なお、代表理事その他の代表者がその職務を行うについて第三者に加えた損害については、一般社団法人が賠償責任を負うものであり（法人法78条）、代表理事等の代表権を有する者がその職務の遂行につき不法行為をした場合には、その者とともに一般社団法人も損害賠償責任を負うことになる（一般社団法人の不法行為が認められるものである。なお、一般社団法人が損害を被った者に損害賠償をした後は、代表理事に求償することができることになる）。代表権を有しない理事が職務の遂行につき不法行為をしたり、従業員が職務の遂行につき不法行為をした場合には、一般社団法人は、使用者責任（民法715条1項）に基づき損害賠償責任を負うことになる。

6　忠実義務（法人法83条）

理事の忠実義務（法令遵守義務を含む）については、すでに紹介したところであり、理事にとって基本的で広範な義務を定めるものである。理事の忠実義務は、理事にとってその職務を行うにあたって常にその適切な履行に注意を払っておくことが重要である。理事の忠実義務は、一般社団法人のための義務であるから、一般的には忠実義務違反は、一般社団法人から追及される可能性が高いということができるが、忠実義務の中でも、法令、定款、社員総会の決議を遵守すべき義務は一般社団法

人以外の者からもその義務違反が追及される可能性があるということができる。

　忠実義務を適切に履行するためには、理事としての職務を遂行するにあたって、具体的な職務の内容、前提となる事実関係を適切に認識し、相当な検討を行い、相当な判断を行うことが必要であり、職務の内容が将来に効果を及ぼす場合には、その予測が相当であるかも判断することが必要である。理事が職務を遂行し、将来その結果、損失が生じることは少なくないが、理事の検討、判断の適否がその結果のみによって判断されるものではないし、その責任がその結果のみによって判断されるべきものでもない。予測的な検討、判断にはしばしば誤りがあるものであって、理事の職務はこのような予測的な側面が強いということができる。

7　競業に関する承認取得義務（法人法84条、92条）

　理事は、自己または第三者のために一般社団法人の事業の部類に属する取引をしようとするときは、社員総会においてその取引につき重要な事実を開示し、その承認を受けなければならないとされているから（法人法84条1項1号）、その理事としては、重要な事実の開示義務、社員総会の承認取得義務を負うものであり、これらの義務違反につき法的な責任を負うことになる。競業取引の成否、重要な事実の範囲とか、承認の基準などが実務上問題になるが、重要な事実は社員総会が一般社団法人に与える影響の内容・程度を考慮して承認の有無を審議、決議するのに通常必要であると考えられる範囲の事実であると解することができよう。

　なお、理事会設置一般社団法人の場合には、理事が競業取引を行う場合には、社員総会の承認ではなく、理事会に重要な事実を開示し、理事会の承認を取得することが必要である（法人法92条1項、84条1項）。また、理事会設置一般社団法人においては、理事が競業取引をしたときは、理事は、当該取引後、遅滞なく、当該取引についての重要な事実を理事

会に報告する必要があり、報告義務を負っている（法人法92条2項）。報告を受けた他の理事は、その報告によって不正、不当な取引であることを知ったり、知り得た場合には、監督権を行使することが問題になる。

8 利益相反取引に関する承認取得義務（法人法84条、92条）

理事は、自己のためまたは第三者のために一般社団法人と取引をしようとするとき、一般社団法人が理事の債務を保証することその他理事以外の者との間において一般社団法人と当該理事との利益が相反する取引をしようとするときは、社員総会においてその取引につき重要な事実を開示し、その承認を受けなければならないとされているから（法人法84条1項2号・3号）、その理事としては、重要な事実の開示義務、社員総会の承認取得義務を負うものであり、これらの義務違反につき法的な責任を負うことになる。

なお、理事会設置一般社団法人の場合には、理事が利益相反取引を行う場合には、社員総会の承認ではなく、理事会に重要な事実を開示し、理事会の承認を取得することが必要である（法人法92条1項、84条1項）。また、理事会設置一般社団法人においては、理事が利益相反取引をしたときは、理事は、当該取引後、遅滞なく、当該取引についての重要な事実を理事会に報告する必要があり、報告義務を負っている（法人法92条2項）。

理事は、以上のように、競業取引、利益相反取引につき制限を受けるものであるが（これらの取引は、一般社団法人の損失発生の可能性があることが考慮され、慎重な手続を履行することが求められている）、制限を受ける理事だけでなく、他の理事にとっても慎重な検討、判断が必要であるが、特に利益相反取引のうち間接取引については、制限に該当する取引であるかどうかの判断が容易ではないことがあるから、十分な注意が必要である。

9　損害報告義務（法人法85条）

　理事は、一般社団法人に著しい損害を及ぼすおそれのある事実があることを発見したときは、直ちに、当該事実を社員に、監事設置一般社団法人の場合には、監事に報告しなければならないとされ（法人法85条）、損害報告義務を理事に課している。一般社団法人が事業を遂行等していると、理事の過誤、従業員の不正行為、取引上のトラブル、施設・設備の瑕疵等によって一般社団法人に損害が生じるさまざまな事態に直面することがある。一般社団法人に損害が生じるような事態を認識した場合には、法人の経営者である理事としては、損害の発生のおそれがあることを認識すると、損害の発生を回避し、あるいは損害を軽減する対策をとったり、対策をとることを従業員に指示したりすることが必要であるが、それとともに、社員、あるいは監事に直ちにその旨を報告することが必要である。

　理事のこの報告義務は、一般社団法人に損害の発生ではなく、著しい損害の発生であること、損害の発生の可能性のある事実ではなく、損害の発生のおそれのある事実であること、この事実を発見したことが要件になっているが、著しい損害であるかは一般社団法人の規模、業務の性質・内容、損害の予想される額によって判断することになるし、損害の発生のおそれがあるかは蓋然性を判断することになるが（なお、報告義務の前記の要件のうち「直ちに」は、文字どおりに直ちにということである）、その判断に迷うことがあるところ、迷ったら、報告をすることが無難である。

10　理事会招集権（法人法93条、94条）

　理事会設置一般社団法人においては、定時または臨時に理事会が開催されることが必要であるが、定款または理事会で招集権を有する理事を

定めた場合は別として、各理事が理事会を招集することができるし（法人法93条1項）、招集権を有する理事以外の理事も事情によっては理事会を招集することができることがある（法人法93条2項・3項）。一般社団法人の経営をめぐって理事等の間に深刻な対立が発生すると、理事会の招集をめぐって紛争が発生することがあり、理事会の招集権の不行使につき法的な責任が問われることがある。

11 理事会における議決権（法人法95条）

　理事会設置一般法人においては、理事は、理事会の構成員として法令および定款によって理事会の決議事項について審議し、決議をすることができるし（法人法95条1項）、代表理事、業務執行理事から報告を受ける等して理事の業務執行につき議論をし、監督をすることができる（理事としては、その前提として理事会に出席すべき義務を負うものであるが、事前の日程調整、他の理事の出席可能性等の事情から理事会への欠席を選択せざるを得ないことがあるから、理事会に欠席することが直ちに理事としての義務違反に当たると解することは相当ではない）。理事が理事会の構成員として有するこれらの権限を行使するにあたっては、適切に行使することが必要であり、適切でない権限の行使とか、権限の不行使は理事の法的な責任の原因になりうるから、理事会における審議、質問、決議等には理事として適切な権限行使に配慮することが必要である。

　理事会の決議は、議決に加わることができる理事の過半数が出席し、その過半数で行うことができるのが原則である（法人法95条1項）。決議について特別の利害関係を有する理事は、議決に加わることができないから（法人法95条2項）、決議事項と特定の理事との関係の有無、内容を事前に調査、検討、判断することが必要である。理事がその権限を行使するにあたって、著しく不合理・不相当な認識、判断、決議をした場合には、理事の有する裁量権を逸脱して法的な責任の根拠になりうるもの

であるから（単に当・不当の問題を超えることになる）、常日頃から十分に注意しておくことが重要である。

　理事会の議事については、議事録が作成されることになっているが（法人法95条3項・4項）、理事の前記の審議、質問のうち重要なものは議事録に比較的詳細に記載することが望ましい。理事会における議事の内容は理事の法的な責任に関係するものであり、議事録の記載内容のみが議事の内容を立証する証拠であるとはいえないが（理事等の供述も証拠になることはいうまでもないし、関係する文書も証拠になる）、重要な証拠になることから、一般社団法人にとって重要な事項、リスクの関係する事項につき審議、決議をする場合には、十分な審議をし、慎重な判断をするとともに、これらの概要を議事録に記載しておくことが重要である。

　なお、理事会の決議に参加した理事は、議事録に異議をとどめないと、その決議に賛成したものと推定されるから（法人法90条5項）、この観点から議事録の記載内容に注意を払うことも重要である。

　理事は、一般社団法人にとって業務の執行権、代表権等の重要な権限を行使するものであり、適切にこれらの権限を行使することが重要であることはいうまでもないが、他方、適切な権限の行使は証拠によって的確に裏づけることも重要であることを常日頃から意識しておくことが大切である（後者の観点は、法律実務家の経験を有しない理事にとっては十分に理解されていないが、理事の就任にあたって覚えておくべき重要な観点である）。

12　一般社団法人に対する損害賠償責任の一部免除に関する開示義務（法人法113条2項）

　理事、監事が任務懈怠による損害賠償責任を一般社団法人に負う場合（法人法111条）、理事等について職務を行うにつき善意でかつ重大な過

失がないときは、最低責任限度額を控除して得た額を限度として社員総会の決議によって責任の一部を免除することができるが（法人法113条1項）、この免除の決議にあたっては、理事は、責任の原因となった事実および賠償の責任を負う額、免除することができる額の限度およびその算定の根拠、責任を免除すべき理由および免除額を開示することが必要である（法人法113条2項。なお、監事設置一般社団法人の場合には、議案の提出にあたって監事の同意を得ることが必要である。法人法113条3項）。

理事等の一般社団法人に対する損害賠償責任を一部免除するためには、前記の要件を満たし、必要な手続を経ることが必要であるが、その前提として理事が一部免除の議案を社員総会に提出することが必要であり、理事が一部免除が事実関係上、法律関係上相当であることを検討し、判断することも必要である。理事がこれらの検討、判断を誤った場合には、不当な業務の執行、開示義務違反として自らの責任が追及される可能性があるので、注意を払うことが重要である。

13　定款に基づく一般社団法人に対する損害賠償責任の一部免除権（法人法114条）

理事等の責任の一部免除は、社員総会の決議による場合のほか、定款の定めによることもでき、このような定款がある場合には、理事の過半数の同意、あるいは理事会設置一般社団法人においては理事会の決議によって免除をすることができる（法人法114条1項。なお、監事設置一般社団法人の場合には、定款に基づく責任の一部免除の理事等の同意または理事会に議案を提案するにあたって監事の同意を得ることが必要である。法人法114条2項）。この理事等の同意または理事会の決議を行った場合には、理事は、遅滞なく、一定の事項および責任を免除することに異議があるときは一定の期間内に異議を述べるべき旨を社員に通知することが必要である（法人法114条3項）。理事等の検討、判断に伴うリスクは、前記

のとおりである。

14　計算書類等の承認権（法人法124条3項）

　一般社団法人は、事業年度ごとに貸借対照表、損益計算書（計算書類）等を作成することが必要であるが（法人法123条。なお、この作成は、理事等の業務として作成され、理事の権限であるとともに、義務であるということができるが、これを適切に行わないと、理事等の法的な責任が追及されうるものである。法人法117条2項1号イ・ニ参照）、監事設置一般社団法人においては、計算書類等につき監事の監査を受けること等が必要である（法人法124条1項・2項）。理事会設置一般社団法人においては、監査を受けた計算書類等につき理事会の承認を受けることが必要であり、理事等は計算書類等を承認する権限を有するものである（法人法124条3項）。計算書類等は、会計の慣行に従って作成されることが必要であるが（その前提として公正妥当な会計がされることが必要である）、虚偽の記載等が行われた場合には、理事等の法的な責任が問題になりうるし（法人法117条2項1号）、一般社団法人の会計、計算書類等の作成においては業務の執行に伴う不正行為を発見し、その兆候を認識する重要な機会を提供するものであって、適切に行わないと、不正行為を見逃すこと等によって理事の業務の執行上の義務違反が問われる可能性が生じることがある。

　一般社団法人の会計監査については、大規模一般社団法人では会計監査人が置かれているところ（法人法62条に規定されている。会計監査人設置一般社団法人。なお、会計監査人の資格等については、法人法68条参照）、会計監査人という専門家の会計監査を受けているため（法人法124条2項）、理事は、この会計監査人の会計監査を高度に信頼することができる。このような会計監査人の法定監査を受けていない一般社団法人についても、任意で専門家である会計士の監査を受けることができるが、こ

の場合にも、会計士の監査を同様に信頼することができるから、理事としては、積極的に会計士の監査を利用することも重要である。

15 計算書類等の社員への提供義務（法人法125条）

理事会設置一般社団法人においては、理事は、定時社員総会の招集の通知に際して、社員に対し、計算書類等、監査報告を提供することが必要であり（法人法125条。なお、これは、原則として定時社員総会において計算書類の承認を受けることが必要であるからである。法人法126条2項）、計算書類等の社員に対する事前の提供義務を負っている。

16 計算書類等の定時社員総会への提出・提供義務（法人法126条1項）

理事は、一般社団法人の種類に従って定められた計算書類等を、定時社員総会に提出し、または提供することが必要であり（法人法126条1項）、計算書類等の定時社員総会に対する提出・提供義務を負っている。なお、理事が提出または提供した計算書類は、定時社員総会の承認を受けることが必要である（法人法126条2項）。

17 事業報告内容の定時社員総会への報告義務（法人法126条3項）

理事は、提出または提供した事業報告の内容を定時株主総会に報告することが必要であり（法人法126条3項）、事業報告内容の報告義務を負っている。

18　計算書類の定時社員総会への報告義務（法人法127条）

　以上の16、17の義務については、会計監査人設置一般法人の場合、理事会の承認を受けた計算書類が法令および定款に従い一般社団法人の財産および損益の状況を正しく表示しているものとして法務省令で定める要件に該当するときは、適用しないとされ、理事は、計算書類の内容を定時社員総会に報告することが必要であり、かつ、それで足りるとされている（法人法127条）。ここでいう法務省令で定める要件は、法人法127条に規定する計算書類についての会計監査報告の内容に法人法施行規則39条1項2号イに定める事項（無限定適正意見、監査の対象となった計算関係書類が一般に公正妥当と認められる会計の慣行に準拠して、当該計算書類に係る期間の財産および損益の状況をすべての重要な点において適正に表示していると認められる旨）が含まれること、この会計監査報告に係る監査報告の内容として会計監査人の監査の方法または監査の結果を相当でないと認める意見がないこと、法人法127条に規定する計算書類が法人法施行規則43条3項の規定により監査報告を受けたものとみなされたものでないことのいずれにも該当することと定められている（法人法施行規則48条）。

19　その他

　法人法においては、一般社団法人の義務を介して、あるいは直接に理事の義務としてその他の規定が設けられているし、理事等の義務違反の内容、程度によっては罰則の制裁が科せられることもある（法人法334条以下）。

　また、公益認定法においては、法人法所定の各種の義務のほかに、公益社団法人の義務を介して、あるいは直接に理事の義務として各種の義務が設けられているものであり（たとえば、理事の義務としては、公益認定

法17条)、理事としてはこれらの義務を適切に履行することが必要である。

III 一般社団法人の監事の権限・義務

1 監事の職務の概要

　監事は、理事の職務の執行を監査し、監査報告を作成するとともに（法人法99条1項）、各事業年度に係る計算書類（貸借対照表および損益計算書）および事業報告並びに附属明細書の監査をすることができる（法人法124条1項）と定められており、これらの監査は監事の権限であるとともに義務である。

　監事は、また、理事が不正の行為をし、もしくは当該行為をするおそれがあると認めるとき、または法令もしくは定款に違反する事実もしくは著しく不当な事実があると認めるときは、その旨を理事（理事会設置一般法人の場合には、理事会）に報告することが必要であるし（法人法100条）、理事会に出席し、必要があるときは、意見を述べることが必要である（法人法101条1項）。監事は、そのほか、理事の提出する議案等の調査義務、社員総会に対する報告義務（法人法102条）、理事の行為の差止め（法人法103条）、一般社団法人と理事との間の訴えにおける法人の代表（法人法104条）が職務として定められている。

　監事の職務は、前記のとおり、理事の業務監査、会計監査が主要なものであるが、従来の民法法人においても、監事が同様な職務を負っていたものの（旧民法59条）、主務官庁が強力な監督権限を有していたことから（旧民法67条）、監事の職責は相対的に軽かったということができる。新法人制度の下においては、主務官庁による監督制度が採用されていないことから、監事の職責はそれだけ重要性が増しているということができる。

従来の民法法人の下で監事に就任し、監事の仕事勘に慣れ親しんでいると、予想外の出来事から監事としての法的な責任が追及される可能性があり、それだけリスクが高くなっていることを認識することが必要である。なお、監事は、株式会社の監査役と類似した職務を遂行することが期待されているところ、監査役の法的な責任は、取締役の法的な責任と比較すると、これが肯定された事例は相当に少ないということができるが、法的な責任の肯定事例が少ないということは、法的な責任が現実に追及された事例が少ないというわけではないことにも注意が必要である。
　一般社団法人においては、監事の設置は任意であり、監事が設置された場合には、監事設置一般法人と呼ばれている。

2　業務監査権（法人法99条1項）

　監事の権限・義務は、法人法99条ないし106条に列挙されている。まず、監事は、理事の職務の執行を監査する権限を有しているが（法人法99条1項）、これは同時に一般社団法人のための重要な義務でもある。監事のこの業務監査権限は、監事にとって基本的で広範な権限である。監事は、監査をした結果について、法務省令で定めるところにより、監査報告を作成することが必要である（法人法99条1項）。監査報告の記載事項につき法務省令で定める事項については、法人法施行規則16条が定めているところであり（法人法施行規則16条1項）、監事は、その職責を適切に遂行するため、当該一般社団法人の理事および使用人、当該社団法人の子法人の理事、取締役、会計参与、執行役、業務を執行する社員、会社法598条1項の職務を行うべき者その他これらの者に相当する者および使用人、その他監事が適切に職務を遂行するにあたり意思疎通を図るべき者との意思疎通を図り、情報の収集および監査の環境の整備に努めなければならないとされ（会社法598条2項。なお、会社法598条4項も

参照)、理事または理事会は、監事の職務の遂行のための必要な体制の整備に留意することも求められている（会社法598条2項）。この意思疎通等に関する規定は、監事が公正不偏の態度および独立の立場を保持することができなくなるおそれのある関係の創設および維持を認めるものと解してはならないとされ（法人法施行規則16条3項）、監事の立場も強調されている。

監事は、この監査を行うために、理事および使用人に対して事業の報告を求め、または監事設置一般社団法人の業務および財産の状況の調査をすることができる等されている（法人法99条2項・3項）。監事のこの監査権限は、理事の業務執行に対する重要な監督として位置づけられているものであり、監督権限の適切でない行使、あるいは不行使は監事の法的な責任の原因になるものであるため、監査義務としての側面も強いということができるし、理事等に対する報告請求権、業務・財産の状況の調査権も、義務としての側面があることに注意をすることが必要である（監事のこれらの義務違反による法的な責任が追及されるリスクがある）。

3　会計監査権（法人法124条1項）

監事設置一般社団法人においては、各事業年度に係る計算書類（貸借対照表および損益計算書）および事業報告並びにこれらの附属明細書を作成し、法務省令で定めるところにより、監事の監査を受けなければならないとされているが（法人法124条1項）、これは、監事の会計監査権を定めるとともに、義務を定めるものである。監事は、一般社団法人のために前記の業務監査権とともに会計監査権という重要な権限を有し、重要な義務を負うものである。会計監査人設置一般社団法人においては、会計監査人という専門家の会計監査を受けていることから（法人法124条2項）、監事は、この会計監査人の会計監査を高度に信頼することができる。任意で専門家である会計士の監査を受けた場合にも同様である。

4　不正行為等の報告義務（法人法100条）

　監事は、この業務監査権限を行使すること等によって、理事が不正の行為をし、もしくは当該行為をするおそれがあると認めるとき、または法令もしくは定款に違反する事実もしくは著しく不当な事実があることを認めるときは、遅滞なく、その旨を理事、あるいは理事会設置一般社団法人については理事会に報告しなければならないとされ（法人法100条）、不正行為等の理事等への報告義務が課されている。

　監事が報告義務を負う内容は、理事が不正の行為をしたと認めるとき、理事が不正の行為をするおそれがあると認めるとき、法令・定款に違反する事実があると認めるとき、著しく不当な事実があることを認めるときであり、それぞれの内容を報告することが必要である（報告をするのは、これらの事実等を認めたときから遅滞なく行うことが必要であり、直ちにとか、速やかにというわけではない）。監事が報告義務を負うこれらの内容のうち、理事が不正な行為をするおそれがあると認めるときは、事実関係の把握、要件の該当性の判断が容易ではなく、広く理解すると、理事の業務執行の障害になりうるし、逆に狭く解すると、不正な行為を見逃すことになる。監事のこの報告義務の履行によって不正な理事の行為、法令違反の事態等を停止させ、違法・不正な事態を解消させ、損失の発生を防止し、その拡大を回避することが期待されているものである。

　監事が理事の業務監査を行い、一般社団法人の業務・財産の状況につき報告を徴収し、調査をした結果、あるいは調査等の過程で不正・不当な業務の執行等の事実を知ることがあるが、監事の役割は知るだけでなく、その旨を理事に報告し、必要な措置をとらせることが必要であり、監事の報告義務はこのための重要な手段として認められているものである（なお、監事が理事に報告をしたにもかかわらず、理事、あるいは理事会が必要な措置をとらない場合には、そのこと自体が理事の不正な行為、法

令・定款違反の事態等に該当することがあり、監事としては、その旨の報告をする必要に迫られることになる)。

5　理事会への出席義務等（法人法101条1項・2項）

　監事は、理事会が開催される場合には、理事会への出席義務を負うとともに、必要があるときは、理事会において意見を述べる権限を有している（法人法101条1項）。監事は、従来の民法法人の下でも理事会に出席することに努めていたが、新法人制度の下では出席は義務とされたものである。実際には、理事等が自分等の都合によって理事会の日程を決めることが少なくないため、監事の出席の機会に配慮されていないことがあるが、監事の出席の都合にも配慮して理事会の日程を決めることが望ましい。

　監事は、また、法人法100条所定の報告義務に該当する事実が認められる場合、必要があるときは、招集権のある理事に理事会の招集を請求することができ（法人法101条2項）、一定の事情があるときは、監事が理事会を招集することができることになっている（法人法101条3項）。

6　社員総会に提出する議案等の調査・報告義務（法人法102条）

　監事は、社員総会との関係でも重要な義務を負っているものであり、理事が社員総会に提出しようとする議案、書類その他法務省令で定めるものを調査しなければならないとされ、しかも、法令もしくは定款に違反し、または著しく不当な事項が認められるときは、その調査の結果を社員総会に報告しなければならないとされ（法人法102条）、調査義務、報告義務が課されている。

　社員総会は、一般社団法人において重要な意思決定機関であり、法令・定款を遵守し、社会常識に沿った決定をすることが必要であるところ、そのためには理事が社員総会に提出しようとする議案等は法令・定

款、社会的な相当性を遵守するものであることが重要であり、この観点から監事に調査義務（業務監査の一環ということもできる）、報告義務を課しているのであろう。

7 監事の理事に対する不正行為等差止請求権（法人法103条1項）

監事は、理事の不正行為等に関する報告義務だけでなく、さらに、理事が監事設置一般社団法人の目的の範囲外の行為その他法令もしくは定款に違反する行為をし、またはこれらの行為をするおそれがある場合において、当該行為によって当該監事設置一般社団法人に著しい損害が生ずるおそれがあるときは、当該理事に対し、当該行為をやめることを請求することができるとしており（法人法103条1項）、監事に理事の行為の差止請求権限が認められている。監事のこの差止請求権限は、監事の理事の業務監査権限を実効的にするための重要な手段である。

監事による差止請求の対象は、理事の法令・定款違反行為をしたとき、または理事がこれらの行為をするおそれがあるときであり（差止請求の内容が「当該理事に対し、当該行為をやめることを請求する」ものであることに照らすと、理事が積極的な行為をする場合に、その行為を停止させることに限られ、理事の不作為が法令・定款に違反する場合に積極的に作為を求めることはできないと解するほかない）、理事の法令・定款違反、そのおそれに限定されている。監事としては、理事による前記内容の不正な行為がなされるおそれがある場合に理事の行為をやめさせることを請求できるものであり、行為の結果を除去したり、将来の予防措置を求めたりすることを請求することはできない。監事がこの差止請求権限を行使するにあたっては、仮処分の申立て（民事保全法参照。なお、法人法103条2項参照）、訴訟の提起（民事訴訟法参照）をすることができるが、そのような法的な手段をとることなく、書面、口頭で差止めを請求することも可能である（もっとも、書面による差止請求は実効性の観点から問題が残

り、口頭による差止請求は実効性、証拠の保存の観点から問題がある）。

　特定の理事が法令・定款違反行為を行い、あるいは行うおそれがある場合には、他の理事が理事会を通じて、あるいは理事会を通じることなく、これらの理事の行為をやめさせることが本来の手順である（理事は他の理事の業務執行につき監督義務を負っているものであり、前記のとおり、監事の理事、理事会への報告義務もこの監督義務の発動に資するものである）。しかし、問題の理事が理事会の中で、あるいは一般社団法人の中で主流派に属し、あるいは実力者であるような場合には、他の理事に監督義務の発動を期待することが事実上困難であることがあり、このような事態に監事の差止請求権限の行使が期待されるわけである（なお、社員にも理事の行為につき差止請求権限が認められている。法人法88条）。

8　訴訟の代表権（法人法81条）

　一般社団法人と理事との間に訴訟が提起されることがあるが、この場合、代表理事が一般社団法人の業務に関する一切の裁判上の権限を有するものであり（法人法77条4項）、代表理事が一般社団法人の法定代理人として訴訟活動を行うことができるのが原則である。しかし、代表理事が自動的に訴訟活動を行うことは馴れ合い訴訟になるおそれがあるため、社員総会は、代表理事ではなく、訴訟につき一般社団法人を代表する者を定めることが認められている（法人法81条）。

　また、監事設置一般社団法人については、以上のような取扱いをせず、監事が監事設置一般社団法人の訴訟につき代表するものとされ、法定代理人として訴訟活動を行うことになっているし（法人法104条1項）、監事設置一般社団法人の理事の責任を追及する訴えの提起の請求があった場合（法人法278条1項）、監事設置一般社団法人が訴訟告知を受け（法人法280条3項）、通知・催告を受ける場合（法人法281条2項）にも監事設置一般社団法人を代表することになっている（法人法104条2項）。

監事は、このような監事設置一般社団法人が当事者になる訴訟、その準備段階において訴訟に関する代表権を有するものとして適切な対応をすることが予定されているから、具体的な活動は専門家である弁護士に委任することができるが、自らもある程度は訴訟に関する知識を蓄えておくことが重要である（弁護士を代理人に選任した場合であっても、監事は、訴訟当事者の代表者として相当程度自ら検討し、判断することが求められるものであり、弁護士に訴訟に関する諸活動を一任することはあり得ない）。

Ⅳ　新法人制度の下における一般社団法人の理事、監事の権限・義務の拡大

　民法法人制度の下における理事、監事の権限・義務と比較してみると、新法人制度の下における理事については、民法法人の時代における理事は広範な職務権限を有していたということができ（理事の職務権限に関する民法の規定を解釈すれば、相当に広範な権限、義務、責任を導くことは可能であったであろう）、本来は一般社団法人における理事と職務権限が画期的に拡大しているとはいいがたいであろう。しかし、新法人制度の下においては、理事の職務に関する規定が増加し、具体化し、明確化しているものであって、権限・義務が相当に拡大しているものと解することが相当であるし、大幅に拡大していると認識されることは自然であって、法律の規定上も、実際の運用上も理事の権限・義務が一層拡大したものと解されることも当然であろう。

　他方、監事について同様に比較すると、監事の場合には、新法人制度の下においては、法律の規定上、その権限・義務が拡大しているということができる。

　新法人制度の下において理事、監事の権限・義務が法律の規定上も、さらに実際の運用上も拡大しているものであることに照らすと、理事、

監事の法的な責任が認められる可能性が高くなっていることは否定できないものであるし、少なくとも法的な責任が追及される可能性が高まっているということができる。理事、監事としては、法的な責任が認められるリスクだけでなく、法的な責任が追及されるリスクにも十分に配慮し、その業務を遂行することが必要があるし、そもそもこれらのリスクを認識し、理事、監事に就任するかどうかを検討し、判断することが重要である。

　一般社団法人の理事、監事は、以上に概観したように多種多様な権限・義務が認められているところであり、一般社団法人の目的を達成し、社会的に意義のある活動を行うためにこれらの権限を行使し、義務を履行することが重要である。他方、理事、監事は、これらの権限、義務は、一般社団法人の目的を実現し、活動を行うにつき重要な法的な手段を提供するだけでなく、権限の行使・義務の履行をめぐる法的な責任の根拠を提供することになるものであるから、法的な責任のリスクをなくし、あるいは軽減するという観点からも理事、監事としての権限・義務を理解することが重要である。理事、監事の権限・義務は、理事等の個人にとっては前記の両方の観点から理解することが必要であり、新法人制度は、このことを一層鮮明にしたものであると評価することができる。

　公益社団法人は、公益認定を受けた一般社団法人のことであるから、公益社団法人の理事、監事についても、以上に紹介した一般社団法人の理事、監事の権限・義務に関する説明が妥当する。

第4章　新法人制度の概要(2)

I　一般財団法人における理事、監事

1　一般財団法人における機関構成

　一般財団法人における理事、監事の権限・義務については、法人法197条が一般社団法人の理事、監事に関する規定を包括的に準用している。法律上は、このような包括的な準用規定があれば、一般財団法人における理事、監事の権限・義務を定めていることになるが、個々の理事、監事にとっては容易に理解することができないものであり、不親切である。個々の理事、監事は、何も法律の専門家ではないし、法人法の多数の条文を理解することも容易でないうえ、重要な規定である理事、監事の権限・義務に関する規定が準用規定によってまかなわれることになると、さらに一層理解が困難になることが痛感される。

　法律の条文の書き方としては準用規定は便利であるが、法人法の利用者である理事、監事等にとっては不便なものである。また、準用規定は、準用される条文がそのまま適用されるものではなく、準用される対象の趣旨に応じて適用されるという意味をもつものであり、準用規定の解釈が重要であり、必要である（最近の準用規定には、読み替え規定が設けられているが、この読み替え規定を正確に理解していないと、正確にどのように準用されるかを理解することができないことにも注意が必要である）。

　一般財団法人の理事、監事にとっては、まず、この準用規定の解釈に

取り組まなければならないのである。理事、監事の準用規定については、具体的にどの規定が準用されているか、どのように準用されるかを明確に理解することが重要である。

　また、一般社団法人と比較してみた場合、一般財団法人につき重要なことは、一般財団法人においては、評議員、評議員会、理事、理事会、監事を置かなければならないとされ（法人法170条1項）、これらの機関が必置のものであることである（一般財団法人においては、その性質上、社員が存在しないし、社員総会も存在しない）。一般財団法人においては、理事会も、監事も必ず設置されているものである。なお、会計監査人については、定款の定めによって設置することができることになっている（法人法170条2項。大規模一般財団法人の場合には、必ず会計監査人を置くことが必要である。法人法171条）。

2　理事の権限・義務の概観

　法人法197条は、理事、監事に限定すると、一般的に次の規定を準用している。ほかにも、理事、監事に関する規定があるし、一般的な準用規定として、法人法198条、199条もある。

① 　法人法第2章第3節第4款のうち、76条、77条1項から3項、81条、88条2項を除く規定（具体的には、77条4項、5項、78条、79条、80条、82条、83条、84条、85条、86条、87条、88条1項、89条が準用されている）

② 　法人法第2章第3節第5款のうち、92条1項を除く規定（具体的には、90条、91条、92条2項、93条、94条、95条、96条、97条、98条が準用されている）

③ 　法人法第2章第3節第6款のうち、104条2項を除く規定（具体的には、99条、100条、101条、102条、103条、104条1項、105条、106条が準用されている）

たとえば、一般財団法人の理事の権限・義務を条文に沿ってみると、
① 基本財産の維持等義務（法人法172条2項）
② 評議員会の招集権（法人法179条3項）
③ 評議員会における報告義務（法人法190条）
④ 業務執行権（法人法197条、91条）
⑤ 代表権（法人法197条、77条4項、90条）
⑥ 忠実義務（法人法197条、83条）
⑦ 競業に関する承認取得義務（法人法197条、84条、92条2項）
⑧ 利益相反取引に関する承認取得義務（法人法197条、84条、92条2項）
⑨ 損害報告義務（法人法197条、85条）
⑩ 理事会の招集権（法人法197条、93条、94条）
⑪ 理事会における議決権（法人法197条、95条）
⑫ 法人に対する損害賠償責任の一部免除に関する開示義務（法人法198条、113条2項）
⑬ 定款に基づく法人に対する損害賠償責任の一部免除権（法人法198条、114条）
⑭ 計算書類等の承認権（法人法199条、124条3項）
⑮ 計算書類等の評議員への提供義務（法人法199条、125条）
⑯ 計算書類等の定時評議員会への提出・提供義務（法人法199条、126条1項）
⑰ 事業報告内容の定時評議員会への報告義務（法人法199条、126条3項）
⑱ 計算書類の定時評議員会への報告義務（法人法199条、127条）

等が定められている。

II 一般財団法人の理事の権限・義務の詳解

1 基本財産の維持等義務（法人法172条2項）

　財団法人は、特定の目的に提供された財産に法人格を認めるものであり、この財産が極めて重要であることも、社団法人との重要な違いであるが、理事の基本的な義務についても、この法人の性質を反映したものがある。理事は、一般財団法人の財産のうち一般財団法人の目的である事業を行うために不可欠なものとして定款で定めた基本財産があるときは、定款で定めるところにより、これを維持しなければならず、かつ、これについて一般財団法人の目的である事業を行うことを妨げることとなる処分をしてはならないとされている（法人法172条2項）。一般財団法人の基本財産は、前記のとおり、重要な意義をもつものであるから、その維持等義務を理事に負わせたものである。理事が基本財産の運用、処分を行うにあたっては、法人法、定款違反に当たる可能性があるから、常に法人法の規定、定款の規定に従って検討し、判断し、執行することが重要であり、理事がこれらの諸規定に違反することは、理事としての基本的で重要な義務に違反することになる。

　一般社団法人であっても、一般財団法人であっても、保有する財産の運用、管理、使用、処分は活動の基盤を支えるものであり、極めて重要な業務であるが、一般財団法人の基本財産は法人の存立に関わるものであり、極めて重要な財産である。

2 評議員会招集権（法人法179条3項）

　一般財団法人においては、評議員、評議員会が設置されているところであり、評議員会は、理事が招集することになっている（法人法179条3

項。なお、例外として、法人法180条、188条参照)。理事が評議員会の招集権限を有するわけである。理事が評議員会を招集する場合には、理事会の決議によって評議員会の日時および場所、評議員会の目的である事項があるときは、当該事項等を定めることが必要である(法人法181条1項)。

なお、評議員会の権限は、法人法に規定する事項および定款で定めた事項に限り、決議をすることができるというものであり(法人法178条2項。なお、評議員は、評議員会の構成員として審議、議決をする権限を有するものである。法人法178条1項)、強力な権限を有しているし(法人法178条3項参照)、法人法には、評議員会と理事との間の権限の調整に関する諸規定が設けられており、理事としては評議員会の権限行使を前提として、理事の権限を行使し、義務を履行することが重要であり、従来の民法法人の下におけるような諮問機関などとして認識することは、理事の職責を誤る重大な原因になるおそれがある。

3 評議員会における説明義務(法人法190条)

理事は、評議員会において評議員会の目的である事項につき審議、決議を求めることになることから、評議員会において評議員からさまざまな質問を受けることが予定されている。理事は、評議員会において、評議員から特定の事項について説明を求められた場合には、当該事項について必要な説明をしなければならないとされ、説明義務が課されている(法人法190条本文)。例外として、当該事項が評議員会の目的である事項に関しないものである場合その他正当な理由がある場合として法務省令で定める場合は、理事は説明義務を負わないとされている(法人法190条ただし書)。

一般社団法人の場合には、理事は、社員総会において社員に対して説明義務を負うものであるが(法人法53条)、理事の評議員会における説

明義務は、これに対応するものである。前記の正当な理由があるとして法務省令で定める場合については、評議員が説明を求めた事項について説明をするために調査をすることが必要である場合（当該評議員が評議員会の日より相当の期間前に当該事項を一般財団法人に対して通知した場合、当該事項について説明をするために必要な調査が著しく容易である場合を除く）、評議員が説明を求めた事項について説明をすることにより一般財団法人その他の者（当該評議員を除く）の権利を侵害することとなる場合、評議員が当該評議員会において実質的に同一の事項について繰り返して説明を求める場合、これら以外の場合のほか、評議員が説明を求めた事項について説明をしないことにつき正当な理由がある場合が定められているところであり（法人法施行規則59条）、理事が説明義務をめぐる判断をするにあたって参考になる。

理事の評議員会における説明義務も、評議員から質問があった場合、説明義務の対象になるか、説明をすべき場合であるとしても、どの程度、どの範囲で説明すべきものであるかが問題になるが、評議員会の開催の前にある程度検討しておくことが重要である。

4 業務執行権（法人法197条、91条）

一般財団法人の場合には、必ず理事会が設置されているため、個々の理事が当然に業務執行の権限を有するものではない（法人法76条参照。なお、同条は一般財団法人の理事には準用されていない）。

一般財団法人においては、理事は、理事会の構成員となって理事会における審議、決議に参加等するものであり（法人法197条、90条1項）、代表理事は理事会で選任され（法人法197条、90条2項・3項）、また、業務を執行する理事は、代表理事のほか、理事会で一般財団法人の業務を執行する理事として選定されたもの（業務執行理事）に限られる（同法197条、91条1項）。代表理事、業務執行理事としては、業務の執行に関

する法令、定款を遵守し（社会常識の遵守も求められることがある）、所属する法人のために忠実に職務を遂行するとともに、業務の性質・内容、前提となる状況を考慮して善良な管理者としての水準（通常の理事の水準）で具体的な業務につき適切に判断し、適切に執行することが重要であり、業務執行は、代表理事、業務執行理事にとっては権限であり、他方、適法、適切に業務執行を行うべき義務という側面がある。業務執行は、その執行の検討過程、執行過程、執行後において代表理事、業務執行理事が所属する法人、取引先等に損失を発生させる可能性があるから（一般財団法人にとってはリスクの多い職務、地位である）、代表理事等にとって常に注意を怠らないことが重要である。

5　法人の代表権（法人法197条、77条4項、90条）

　一般財団法人においては、個々の理事が当然に代表の権限を有するものではない（法人法77条1項ないし3項参照。同条項等は準用されていない。同法197条参照）。

　一般社団法人においては、代表理事は、理事会で理事の中から選定されることになっているが（法人法197条、90条2項・3項）、一般財団法人の業務に関する一切の裁判上または裁判外の権限を有するものである（法人法197条、77条4項）。代表権は、一般財団法人の対外的な行為全般を行う権限であり、極めて重要な権限であることは、一般社団法人の場合と同様である。代表理事は、一般財団法人と取引等を行う者にとって直接に対応する者であり、法的な責任を追及する対象になりやすいものであって、多くのリスクにさらされるものである。

　なお、代表理事その他の代表者がその職務を行うについて第三者に加えた損害について一般財団法人が賠償責任を負うことは、一般社団法人の場合と同様である（法人法197条、78条）。代表理事等の代表権を有する者がその職務の遂行につき不法行為をした場合には、その者とともに

一般財団法人も損害賠償責任を負うことになる（なお、一般財団法人が損害を被った者に損害賠償をした後は、代表理事に求償することができることになる）。代表権を有しない理事が職務の遂行につき不法行為をしたり、従業員が職務の遂行につき不法行為をした場合には、一般財団法人は、使用者責任（民法715条1項）に基づき損害賠償責任を負うことになる（なお、一般財団法人が損害を被った者に損害賠償をした後は、理事に求償権を行使することができる）。

6　忠実義務（法人法197条、83条）

　一般財団法人における理事の忠実義務（法令遵守義務を含む）については、理事にとって基本的で広範な義務を定めるものであることは、一般社団法人の場合と同様である（法人法197条、83条。なお、一般財団法人には、社員総会が存在しないから、理事は、社員総会の決議を遵守する義務を負うものではない。法人法197条参照）。理事の忠実義務は、理事の職務を行うにあたって常にその適切な履行に注意を払っておくことが重要である。

　理事の忠実義務は、一般財団法人のための義務であるから、一般的には忠実義務違反は、一般財団法人から追及される可能性が高い。忠実義務の中でも、法令、定款を遵守すべき義務は一般財団法人以外の者からもその義務違反が追及される可能性がある。忠実義務を適切に履行するためには、理事としての職務を遂行するにあたって、具体的な職務の内容、前提となる事実関係を適切に認識し、相当な検討を行い、相当な判断を行うことが必要であり、職務の内容が将来に効果を及ぼす場合には、その予測が相当であるかも判断することが必要である。

　理事が職務を遂行し、将来その結果、損失が生じることは少なくないが、理事の検討、判断の適否がその結果のみによって判断されるものではないし、その責任がその結果のみによって判断されるべきものでもな

い。予測的な検討、判断にはしばしば誤りがあるものであって、最終的には理事の損害賠償責任が認められないとしても、理事の職務はこのような予測的な側面が強いだけにリスクを伴うものである。

7 競業に関する承認取得義務（法人法197条、84条、92条2項）

理事は、自己または第三者のために一般財団法人の事業の部類に属する取引をしようとするときは、理事会においてその取引につき重要な事実を開示し、その承認を受けなければならないとされているから（法人法197条、84条1項1号）、その理事としては、重要な事実の開示義務、理事会の承認取得義務を負う。

なお、理事が競業取引をしたときは、理事は、当該取引後、遅滞なく、当該取引についての重要な事実を理事会に報告する必要があり、報告義務を負っている（法人法197条、92条2項）。報告を受けた他の理事は、単に報告を聞けばすむというわけではなく、報告義務の意義を理解しておくことが必要であり、その報告によって不正、不当な取引であることを知ったり、知り得た場合には、監督権を行使することが問題になる。

8 利益相反取引に関する承認取得義務（法人法197条、84条、92条2項）

理事は、自己のためまたは第三者のために一般財団法人と取引をしようとするとき、一般財団法人が理事の債務を保証することその他理事以外の者との間において一般財団法人と当該理事との利益が相反する取引をしようとするときは、理事会においてその取引につき重要な事実を開示し、その承認を受けなければならないとされているから（法人法197条、84条1項2号・3号）、その理事としては、重要な事実の開示義務、理事会の承認取得義務を負う。一般財団法人における理事の利益相反取引に関する制限は、基本的には一般社団法人の場合と同様である。

なお、一般財団法人においては、理事が利益相反をしたときは、理事は、当該取引後、遅滞なく、当該取引についての重要な事実を理事会に報告する必要があり、報告義務を負っている（法人法197条、92条2項）。

理事は、以上のように、競業取引、利益相反取引につき制限を受けるものであり、これらの疑いのある取引を行う場合には、制限を受ける理事だけでなく、他の理事にとっても慎重な検討、判断が必要である。特に利益相反取引のうち間接取引については、制限に該当する取引であるかどうかの判断が容易ではないから、理事にとって十分な注意が必要である。

9　損害報告義務（法人法197条、85条）

理事は、一般財団法人に著しい損害を及ぼすおそれのある事実があることを発見したときは、直ちに、当該事実を監事に報告しなければならないとされ（法人法197条、85条）、損害報告義務を理事に課している。

一般社団法人の場合と同様に、一般財団法人が事業を遂行等していると、理事の過誤、従業員の不正行為、取引上のトラブル、施設・設備の瑕疵等によって一般財団法人に損害が生じるさまざまな事態に直面することがある。一般財団法人の事業が大規模なものであったり、事業が拡大したりすると、一般財団法人に損失が発生する機会が増加し、その結果、一般財団法人に損害が発生し、事情によっては著しい損害が発生することがある。一般財団法人に損害が生じるような事態を認識した場合には、法人の経営者である理事としては、損害の発生を回避し、あるいは損害を軽減する対策をとったり、対策をとることを従業員に指示したりすることが必要であるが、それとともに、監事に直ちにその旨を報告することが必要である。理事のこの報告義務は、一般財団法人に単なる損害の発生ではなく、著しい損害の発生であること、損害の発生の可能性のある事実ではなく、損害の発生のおそれのある事実であること、こ

の事実を発見したことが要件になっているが、著しい損害であるかは一般財団法人の規模、業務の性質・内容、損害の予想される額によって判断することになる。

　また、理事のこの報告義務は、損害の発生のおそれがあるかを判断することが必要であるが、この損害の発生のおそれは蓋然性を判断することになるが、その判断に迷ったら、報告をすることが無難である。理事のこの報告義務は、損害の発生の原因を問わないものであることにも注意が必要である。

10　理事会招集権（法人法197条、93条、94条）

　一般財団法人においては、常に理事会が設置されているため（一般社団法人の場合には、理事会が設置されていないことがあることは前記のとおりである）、定時または臨時に理事会が開催されることが必要である。定款または理事会で招集権を有する理事を定めた場合は別として、各理事が理事会を招集することができるし（法人法197条、93条1項。もっとも、実際には招集権を有する理事が定められる場合が多いであろう）、招集権を有する理事以外の理事も事情によっては理事会を招集することができることがある（法人法197条、93条2項・3項）。

　一般財団法人の経営をめぐって理事等の間に深刻な対立が発生すると、理事会の招集をめぐって紛争が発生することがある。理事会の招集は、理事会内、あるいは一般財団法人内における紛争につき戦略的に利用されることがあり、招集をめぐる主導権争いも生じるのである。

11　理事会における議決権（法人法197条、95条）

　一般財団法人においては、理事は、理事会の構成員として法令および定款によって理事会の決議事項について審議し、決議をすることができるし（法人法197条、95条1項）、代表理事、業務執行理事から報告を受

ける等して理事の業務執行につき議論をし、監督をすることができる。理事は、その前提として理事会に出席すべき義務を負う。理事が理事会の構成員として有するこれらの権限を行使するにあたっては、適切に行使することが必要であり、適切でない権限の行使とか、権限の不行使は理事の法的な責任の原因になりうるから、理事会における審議、質問、決議等には理事として適切な権限行使に配慮することが必要である。理事としては、理事会においては適切に事実を認識し、十分な議論をし、相当な判断をすることが必要であり（その前提として理事には検討、判断につき裁量権が認められている）、理事の善管注意義務違反、忠実義務違反は、理事として著しく不合理な検討、判断を行った場合に認められるから、常にこの基準を前提として行動することが重要である。

　理事会の決議は、議決に加わることができる理事の過半数が出席し、その過半数で行うことができるのが原則である（法人法197条、95条1項）。決議について特別の利害関係を有する理事は、議決に加わることができないから（法人法197条、95条2項）、一般財団法人の場合にも、決議事項と特定の理事との関係の有無、内容を事前に調査、検討、判断することが必要である。

　理事会の議事については、議事録が作成されることになっているが（法人法197条、95条3項・4項）、理事の前記の審議、質問のうち重要なものは議事録に記載することが望ましい。一般財団法人においても、理事会における議事の内容は理事の法的な責任に関係するものであり、議事録の記載内容のみが議事の内容を立証する証拠であるとはいえないが（理事等の供述も証拠になることはいうまでもないし、関係する文書も証拠になる）、重要な証拠になることから、一般財団法人にとって重要な事項、リスクの相当にある事項につき審議、決議をする場合には、十分な審議をし、慎重な判断をするとともに、これらの概要を議事録に記載しておくことが重要である（理事として職務を遂行するに伴うリスクは、こ

のような証拠を的確に作成し、保存しておくことによって相当に軽減することができる）。

なお、理事会の決議に参加した理事であって議事録に異議をとどめないものは、その決議に賛成したものと推定されるから（法人法197条、90条5項）、議事録の記載にはこの視点からも注意を払うことが重要である。

12　一般財団法人に対する損害賠償責任の一部免除に関する開示義務（法人法198条、113条2項）

理事、監事が任務懈怠による損害賠償責任を一般財団法人に負う場合（法人法198条、111条）、理事等について職務を行うにつき善意でかつ重大な過失がないときは、最低責任限度額を控除して得た額を限度として評議員会の決議によって責任の一部を免除することができるが（法人法198条、113条1項。損害賠償責任の一部免除は、一般財団法人の場合には、社員総会が存在しないため、評議員会の権限によることになるが、評議員の職責もそれだけ重要である）、この免除の決議にあたっては、理事は、責任の原因となった事実および賠償の責任を負う額、免除することができる額の限度およびその算定の根拠、責任を免除すべき理由および免除額を開示することが必要である（法人法198条、113条2項。なお、議案の提出にあたって監事の同意を得ることが必要である。法人法198条、113条3項）。

理事等の一般財団法人に対する損害賠償責任を一部免除するためには、前記の要件を満たし、必要な手続を経ることが必要であるが、その前提として理事が一部免除の議案を評議員会に提出することが必要であり、理事が一部免除につき事実関係上、法律関係上相当であることを検討し、判断することも必要である。監事が前記の同意をするかどうかの判断も相当であることが必要である。

13 定款に基づく一般財団法人に対する損害賠償責任の一部免除権（法人法198条、114条）

　理事等の責任の一部免除は、評議員会の決議による場合のほか、定款の定めによることもでき、このような定款がある場合には、理事会の決議によって免除することができる（法人法198条、114条1項。なお、一般財団法人の場合には、監事が設置されているから、定款に基づく責任の一部免除に関する議案を理事会に提出するにあたって監事の同意を得ることが必要である。法人法198条、114条2項）。この理事会の決議を行った場合には、理事は、遅滞なく、一定の事項および責任を免除することに異議があるときは一定の期間内に異議を述べるべき旨を評議員に通知することが必要である（法人法198条、114条3項）。

　理事等の検討、判断、監事の同意に伴うリスクは、前記のとおりである。前記の責任の一部免除に関する理事会の決議を行った場合には、理事は、遅滞なく、一定の事項および責任を免除することに異議があるときは一定の期間内に異議を述べるべき旨を評議員に通知することが必要である（法人法198条、114条3項）。

14 計算書類等の承認権（法人法199条、124条3項）

　一般財団法人は、事業年度ごとに貸借対照表、損益計算書（計算書類）等を作成することが必要であるが（法人法199条、123条。なお、この作成は、理事等の業務として作成されるものであり、理事の権限であるとともに、義務であるということができる。理事が計算書類等の作成を適切に行わないと、理事等の法的な責任が追及されうるものである。法人法198条、117条2項1号イ・ニ参照）、計算書類等につき監事の監査を受けること等が必要である（法人法199条、124条1項・2項）。一般財団法人においては、監査を受けた計算書類等につき理事会の承認を受けることが必要

であり、理事等は計算書類等を承認する権限を有するものである（法人法199条、124条3項）。

　計算書類等は、会計の慣行に従って作成されることが必要であるが（その前提として公正妥当な会計がされることが必要である）、虚偽の記載等が行われた場合には、理事等の法的な責任が問題になりうるし（法人法198条、117条2項1号）、一般財団法人の会計、計算書類等の作成においては業務の執行に伴う不正行為を発見し、その兆候を認識する重要な機会を提供するものであって、適切に行わないと、不正行為を見逃すこと等によって理事の業務の執行上の義務違反が問われる可能性が生じることがある。

　一般財団法人の会計監査については、大規模一般財団法人では会計監査人が置かれているところ（法人法171条。会計監査人設置一般財団法人。なお、会計監査人の資格等については、法人法197条、68条参照）、会計監査人という専門家の会計監査を受けているため（法人法199条、124条2項）、理事は、この会計監査人の会計監査を高度に信頼することができる。このような会計監査人の法定監査を受けていない一般社団法人についても、任意で専門家である会計士の監査を受けることができるが（法人法170条2項）、この場合にも、会計士の監査を同様に信頼することができるから、理事としては、積極的に会計士の監査を利用することが重要である。

15　計算書類等の評議員への提供義務（法人法199条、125条）

　一般財団法人においては、理事は、定時評議員会の招集の通知に際して、評議員に対し、計算書類等、監査報告を提供することが必要であり（法人法199条、125条。なお、これは、原則として定時評議員会において計算書類の承認を受けることが必要であるからである。法人法199条、126条2項）、計算書類等の評議員に対する事前の提供義務を負っている。

16　計算書類等の定時評議員会への提出・提供義務（法人法199条、126条1項）

　理事は、理事会の承認を受けた計算書類および事業報告を、定時評議員会に提出し、または提供することが必要であり（法人法199条、126条1項3号）、計算書類等の定時評議員会に対する提出・提供義務を負っている。なお、理事が提出または提供した計算書類は、定時評議員会の承認を受けることが必要である（法人法199条、126条2項）。

17　事業報告内容の定時評議員会への報告義務（法人法199条、126条3項）

　理事は、提出または提供した事業報告の内容を定時評議員会に報告することが必要であり（法人法199条、126条3項）、事業報告内容の報告義務を負っている。

18　計算書類の定時評議員会への報告義務（法人法199条、127条）

　以上の16、17の義務については、一般財団法人の場合、理事会の承認を受けた計算書類が法令および定款に従い一般財団法人の財産および損益の状況を正しく表示しているものとして法務省令で定める要件に該当するときは、適用しないとされ、理事は、計算書類の内容を定時評議員会に報告することが必要であり、かつ、それで足りるとされている（法人法199条、127条）。

19　その他

　法人法においては、一般財団法人の義務を介して、あるいは直接に理事の義務としてその他の規定が設けられているし、理事等の義務違反の内容、程度によっては罰則の制裁が科せられることもあることは、一般

社団法人の場合と同様である（法人法334条以下）。

また、公益認定法においては、法人法所定の各種の義務のほかに、公益財団法人の義務を介して、あるいは直接に理事の義務として各種の義務が設けられているものであり（たとえば、理事の義務としては、公益認定法17条）、理事としてはこれらの義務を適切に履行することが必要である。

III 一般財団法人の監事の権限・義務

一般財団法人においては、常に監事が設置されていることは前記のとおりである。監事は、理事の職務の執行を監査し、監査報告を作成するとともに（法人法197条、99条1項）、各事業年度に係る計算書類（貸借対照表および損益計算書）および事業報告並びに附属明細書の監査をすることができる（法人法199条、124条1項）と定められており、これらの監査は監事の権限であるとともに義務である。

監事は、また、理事が不正の行為をし、もしくは当該行為をするおそれがあると認めるとき、または法令もしくは定款に違反する事実もしくは著しく不当な事実があると認めるときは、その旨を理事会に報告することが必要であるし（法人法197条、100条）、理事会に出席し、必要があるときは、意見を述べることが必要である（法人法197条、101条1項）。監事は、そのほか、理事の提出する議案等の調査義務、評議員会に対する報告義務（法人法197条、102条）、理事の行為の差止請求（法人法197条、103条）、一般財団法人と理事との間の訴えにおける法人の代表（法人法197条、104条）が職務として定められている。

監事のこれらの権限・義務は、業務執行監査、会計監査を主要な内容とするものであり、一般財団法人の業務が法令、定款に従って適正に行われることを確保するために重要なものである。なお、監事は、会計監

査人が設置されていない一般財団法人においては、自ら慎重な会計監査が必要になるが、会計監査人が設置されている一般財団法人においては、会計監査人の会計監査に高度の信頼を置くことができる。

Ⅳ　新法人制度の下における一般財団法人の理事、監事の権限・義務の拡大

　新法人制度の下における一般財団法人の理事、監事の権限・義務が拡大していることは、一般社団法人の理事、監事と同様であり、このことはすでに説明したとおりである。

　また、公益財団法人は、公益認定を受けた一般財団法人のことであるから、公益法人の理事、監事についても、以上に紹介した一般財団法人の理事、監事の権限・義務に関する説明が当てはまる。

第 5 章　一般社団法人・一般財団法人の理事、監事の責任の概要

I　理事、監事の損害賠償責任の様相

　理事、監事の法的な責任（本書では、主として損害賠償責任を問題にしている）は、法人法に定められた前記の各種権限の行使・不行使、義務の履行（不完全な履行）・不履行に伴うものである。理事の権限・義務は、すでに紹介したとおり、多様であり、広範なものであるから（法人法には関係する規定も多数ある）、権限の行使・不行使、義務の履行・不履行に伴って損害賠償責任が問題になる可能性は相当にある。また、監事の権限・義務は、基本的には理事の業務の監査、会計監査にとどまるとはいえ、その内容自体広い範囲を対象とするものであるから、権限の行使・不行使、義務の履行・不履行に伴って損害賠償責任が問題になる可能性があることは否定できない。

　理事、監事が適切に権限を行使しなかったり、義務を履行しなかったりしたような場合には、辞任、解任が問題になるだけでなく、所属する一般社団法人・一般財団法人（公益社団法人・公益財団法人を含む。以下、特段の指摘をしない限り、同様とする）、それ以外の者（第三者と呼ばれている）に損失が生じると、理事、監事の損害賠償責任の問題に発展することになる（損害賠償責任は、義務の不履行のみに伴って生じるだけでなく、権限の行使・不行使に伴っても生じることに注意する必要がある）。

　理事、監事がその権限の行使・不行使、義務の履行・不履行に伴って

所属する一般社団法人等に損失が生じる場合としては、理事、監事のさまざまな内容・態様の行為によることがありうる。法人法の施行にあたって理事、監事の行為につき損害賠償責任が問題になる場合として話題になったのは、一般社団法人における社員代表訴訟とか、理事等の忠実義務違反、善管注意義務違反などであるが、理事等の損害賠償責任はこれらにとどまるものではない。

II　理事、監事の不法行為責任

1　問題の所在

　理事、監事が不法行為を犯した場合には、不法行為に基づく損害賠償責任を負うことはいうまでもない（民法709条）。理事、監事が不正な行為を行い、所属する一般社団法人等、あるいは第三者に損害を被らせた場合には、不正な行為が不法行為に該当する場合には、理事、監事が不法行為責任を負うことは当然であり、法人法は、この責任を否定するものではない。この場合には、さらに、理事、監事が職務を行うについて犯した不法行為によって一般社団法人、一般財団法人が不法行為責任を負うかが問題になるところ、これも肯定されている（一般社団法人らの代表理事その他代表者の不法行為につき一般社団法人、一般財団法人が損害賠償責任を負うことについては、法人法78条、197条によるものであり、その他の理事、監事の場合については、民法715条1項による。なお、いずれの場合にも、一般社団法人、一般財団法人が損害を賠償した後、不法行為を犯した理事、監事に対して求償権を行使することが可能である）。

　実際にも、理事、監事の不正な行為が不法行為に当たると主張され、不法行為に基づく損害賠償責任が問われうるものであり、株式会社において代表取締役、取締役の行為が不法行為に当たるとし、その不法行為

責任が問われた裁判例も見られる。たとえば、最近の裁判例としては、次のようなものがある（複数の者が関与した場合には、民法719条所定の共同不法行為責任が問われる）。

2 裁判例

〔裁判例1〕 東京地判平成10・7・13判時1678号99頁（取締役の不法行為の肯定事例）

　Xは、不動産仲介、不動産コンサルタントを業とするY_1株式会社、その代表取締役Y_2、東京支店長兼取締役Y_3の紹介を受け（Y_1は、米国の不動産会社と提携し、米国の不動産会社が仲介をし、Y_1は、その業者から紹介手数料を受け取る営業を行っていた。なお、名義上の買主は、Xが経営する会社であった）、米国アトランタ所在のモーテルを投資目的で購入したが、赤字経営が続き、抵当権を実行され、モーテルの所有権を失ったため、損害を被ったことから、Y_1らに対して債務不履行、不法行為、商法266条ノ3に基づき損害賠償を請求したものである。本判決は、XとY_1との間では不動産仲介に準じた準媒介契約が成立していたとし、モーテルの部屋の稼働率、収益見通しについての説明義務違反等を肯定し、債務不履行を認め、Y_2らの不法行為も認め、請求を認容したものである。

〔裁判例2〕 東京地判平成18・12・12判時1981号53頁（取締役の不法行為の肯定事例）

　X株式会社は、埼玉県内で一般消費者向けにLPガスを販売し、主としてY_2株式会社からLPガスの供給を受けていたところ、XとY_2との間でLPガスの供給条件をめぐる交渉が行われたが、まとまらず、Xの方針に不満をもっていたXの代表取締役Y_1が代表

取締役を退任し、Y_2 と LP ガスの販売業を営む Y_3 株式会社を設立し、X の従業員を勧誘して転職させ、X の顧客等に対して LP ガスの販売活動を行い、LP ガス供給契約を切り替えさせるなどしたため、X が Y_1 ないし Y_3 に対して共同不法行為等に基づき損害賠償を請求したものである。本判決は、共同不法行為の成立を認め、請求を認容したものである（本判決は、代表取締役の所属する株式会社に対する共同不法行為を肯定したものである）。

〔裁判例3〕　東京地判平成21・1・30判時2035号145頁（取締役の不法行為の肯定事例）

　X 事業団は、信託銀行業を営む A 株式会社に資金を信託し、A が資金の運用として Y_1 株式会社の株式を購入していたところ、Y_1 に有価証券報告書の虚偽記載があることが判明し、A が損害を被り、X が損害賠償請求権を譲り受け、Y_1 のほか、Y_1 の親会社である B 株式会社を吸収合併した Y_2 株式会社、経営者 Y_3 に対して共同不法行為等に基づき損害賠償を請求したものである。本判決は、虚偽記載を認め、Y_1 らの不法行為を肯定し、請求を認容したものであるが代表取締役の第三者に対する不法行為責任を肯定したものである。

III　不法行為以外の損害賠償責任の類型

　I で紹介した理事、監事の不法行為以外の理事、監事の損害賠償責任については、理論的にいくつかの類型に分類することができる。

①　理事、監事が負う責任の相手方からみると、所属する一般社団法人、一般財団法人に対する責任、それ以外の者（第三者）に対する責任に分けることができる。

②　理事、監事に対して責任を追及する主体からみると、一般社団法人、一般財団法人、損害を被った第三者、一般社団法人の社員に分けることができる。

③　理事、監事の損害賠償責任の原因、理由からみると、法人法の関連規定、民法415条の規定に分けることができ、各規定の解釈によることになる。

④　理事、監事に対する損害賠償責任の追及の手続からみると、一般社団法人の社員が法人を代表して損害賠償責任を追及する場合には、特別の手続を経ることが求められている（法人法278条ないし283条）。

　現実に理事、監事が損害賠償責任が問われる過程をみると、所属する一般社団法人、一般財団法人の他の理事、監事、あるいは第三者から業務遂行上の過誤が疑われたり、損失の発生を知らされたりした後、非公式に損害賠償責任の可能性を示唆され、口頭、書面で損害賠償責任を指摘されたりすることがあり、さらに訴訟による損害賠償責任の追及が告知されることがある（これらの過程がどの程度の速度で進行するかは個々の事案ごとに多様であるが、少なくとも数カ月程度はかかるであろう）。

　理事、監事としては、これらの各過程においてどのような対応をするかが重大な課題になるが、できれば、相当に早い段階から法律専門家の助言を受けておくことが賢明である（訴訟を提起された後に法律専門家の助言を受けるだけでは後手になるであろう）。理事、監事の職務を遂行するにあたっては、事案によっては訴訟対策が重要であるが、訴訟対策は訴訟が提起されてから立てるものではなく、職務を遂行する段階から考慮しておくこともまた賢明である。

Ⅳ 理事、監事の一般社団法人・一般財団法人に対する損害賠償責任

1 問題の所在

　理事、監事が損害賠償責任を負う場合、その相手方（損害賠償責任を追及する主体）としては、理事等が所属する一般社団法人、一般財団法人と第三者に分けることができる。

　まず、理事、監事の一般社団法人、一般財団法人に対する損害賠償責任については、理事、監事との間で委任に関する規定に従うことになっているから（法人法64条、172条1項、民法643条ないし656条。特に民法644条が法的な根拠とされることが多い）、理事、監事が委任契約上の債務不履行責任（民法415条）を負うが、法人法は、この責任をより具体化した規定を設けている。理事、監事は、その任務を怠ったときは、一般社団法人、一般財団法人に対し、これによって生じた損害を賠償する責任を負うものである（法人法111条1項、198条）。この理事、監事の損害賠償責任は、任務懈怠を理由とするものであるが、任務懈怠の内容は、理事、監事が一般社団法人、一般財団法人に対する各種の義務違反（義務の不完全な履行、不履行）、職務違反、権限の行使・不行使である。もっとも、理事、監事が負う善管注意義務（民法644条）の違反、忠実義務（法人法83条、197条）の違反も任務懈怠に当たるから、問題になりうる任務懈怠の範囲は広い（株式会社の取締役に関する従来の裁判例を概観すると、取締役の善管注意義務違反、忠実義務違反が主張されたものが大半であるが、これは、これらの義務違反の要件が抽象的であり、一見すると主張しやすく、損害賠償責任の法的な根拠としてさまざまな内容を盛り込みやすいという印象があるからであろう）。

理事、監事の一般社団法人、一般財団法人に対する損害賠償責任が認められるためには、理事等の任務懈怠（具体的に内容が特定されることが必要であり、この特定は、理事等の損害賠償責任を追及する者が負うと解するのが相当である）、一般社団法人等の損害の発生（損害賠償額を含む）、任務懈怠と損害との間の因果関係の存在が主張・立証されることが必要である。この主張・立証責任は、損害賠償を請求する一般社団法人、一般財団法人が負うものである。損害の発生は、損害の発生そのものが証明されることが必要であるとともに、任務懈怠との間で因果関係が存在することが証明されることが必要であるが（訴訟における証明の程度は、対象となる事実が高度の蓋然性が存在する程度に確実であることが必要である）、任務懈怠が認められたとしても、損害の発生がないとか、証明されないとの理由で理事等の損害賠償責任が否定されることがあることは勿論であり、参考になる裁判例として次のようなものがある。

2　裁判例

〔裁判例4〕　大阪地判平成12・5・31判時1742号141頁（損害発生の否定事例）

A株式会社は、B株式会社を吸収合併したが、合併比率をAを1とし、Bを0.1としたところ、Aの株主XがAの代表取締役Y_1、監査役Y_2、Y_3に対して忠実義務違反、善管注意義務違反を主張し、株主代表訴訟により損害賠償を請求したものである。本判決は、Aが合併により損害を生じないものであり、合併比率の当・不当を判断するまでもないとし、請求を棄却したものである。

〔裁判例5〕　大阪地判平成12・6・21判時1742号146頁（損害回復による損害発生の否定事例）

　A株式会社（代表取締役はY₁）は、ゴルフ場用地を取得して開発していたところ、B株式会社（代表取締役はY₁）に土地を売却したが、Aの株主Xが土地の売却が安価であり、これが利益相反行為であり、Aの取締役会において取締役Y₂、Y₃が承認したことが忠実義務違反に当たるなどと主張し、Y₁ないしY₃に対して、Aの監査役に対して提訴請求をした後、株主代表訴訟を提起して損害賠償を請求したものである。本判決は、提訴手続に瑕疵があるものの、提訴請求の瑕疵が治癒されたとし、最も控え目にみて11億5361万円であった土地を4億8000万円で売却したことにつき損害賠償責任を負うものの、売買契約を合意解除し、損害が回復された等とし、請求を棄却したものである。

〔裁判例6〕　東京地判平成17・6・27判時1923号139頁（損害発生との因果関係の否定事例）

　和装を中心とした繊維製品の卸販売業を営むA株式会社は、平成3年、取引先の倒産により多額の不良債権が発生し、平成6年、ディリバティブ取引により多額の損失を被ったほか、取引先との取引中止、倒産等により経営が悪化し、平成12年11月、破産宣告を受けたが、平成10年9月からAと取引を開始したX株式会社が平成10年から平成12年の間のAの取締役Y₁ら、監査役Y₂に対して計算書類の虚偽記載、粉飾決算を主張し、商法266条ノ3に基づき損害賠償を請求したものである。本判決は、計算書類の虚偽記載等を認めたものの、Xの損害との因果関係を否定し、請求を棄却したもので

ある。

── 〔裁判例7〕 東京地判平成19・9・27判時1986号146頁、金判 ──
　　　　　1278号18頁（損害発生の否定事例）
　　Xら（501名）は、A株式会社の株主であるが、Aは、平成15年
　9月の中間決算期に連結ベースで約630億円の債務超過であり、事
　業の再生、財務の改善のため、平成16年3月、産業再生機構に支援
　の申込みをし、平成17年4月頃、粉飾決算の事実を公表し、同年6
　月、上場が廃止されたところ、スポンサー企業を探し、B株式会社、
　C有限責任事業組合等がスポンサー企業として支援することになり、
　Aの多数の株式を取得し、関連するファンド連合にAの事業の譲渡
　し、代金債権の処理につき債務引受け、相殺等をする等したことか
　ら、Xらが株主代表訴訟を提起し、Aの取締役であるY_1ないし
　Y_5に対して善管注意義務違反、忠実義務違反を主張し、損害賠償
　を請求したものである。本判決は、Xらのうち25名が提訴請求をし
　ていないとし、訴えを却下し、他のXらにつき訴訟の提起が権利の
　濫用に当たらないとしたものの、Aに損害が生じたと認めるに足
　る証拠がないとし、請求を棄却したものである。

　法人法は、前記の立証責任の原則に対して若干の例外を設けている。
理事が競業および利益相反取引の制限に関する規定（法人法84条1項、
197条）に反して競業違反の取引を行ったときは、損害の額の証明につ
いては、当該取引によって理事または第三者が得た利益の額が損害の額
であると推定される（法人法111条2項、198条）。理事が競業取引を行っ
た場合、一般社団法人らに具体的にどれだけの損害が生じたかの証明を

することは容易ではないことから、この推定規定が設けられたものであり、損害額の立証責任が緩和されているものである（なお、立証が困難な損害額の証明については、民事訴訟法248条の適用を検討することも一つの方法である）。

　また、理事の利益相反取引（法人法84条1項2号・3号、197条）によって一般社団法人等に損害が生じたときは、任務懈怠の証明については、当該取引を行った理事（法人法84条1項、197条の理事）、一般社団法人等が当該取引をすることを決定した理事、当該取引に関する理事会の決議に賛成した理事が任務を怠ったものと推定される（これらの理事については、任務懈怠が推定される。法人法111条3項、198条）。この場合には、任務懈怠の立証責任が緩和されている。これらの推定規定を利用するにあたっては、一般社団法人等は、各推定規定の要件（たとえば、利益相反の取引が行われたこと、理事または第三者が利益を得たこと、利益の額）を証明することが必要であり、この各要件が証明された場合に前記の各推定がされるものであり、理事としては、各推定規定の要件について的確な反証をするか、損害が発生しなかったこととか、注意を怠らなかったこと、責に帰することができない事由があったことを証明することが必要になる。

　ただし、理事が利益相反取引のうち自己のためにした取引（法人法84条1項2号、197条）を行った場合、理事の一般社団法人等に対する損害賠償責任は、当該理事が責めに帰することができない事由によるものであることを証明しても、その責任を免れることはできないとされ（法人法116条1項、198条）、厳格な責任が認められている。理事が自己のために利益相反取引を行った場合には、無過失の証明をしても、損害賠償責任を免れることができないものであり、無過失責任が認められている（見方を変えれば、理事の他の任務懈怠による損害賠償責任については、過失責任であると解することができる）。

V 理事、監事の第三者責任

1 問題の所在

　理事、監事の第三者に対する損害賠償責任については、前記の不法行為は別として、その職務を行うについて悪意または重大な過失があったときは、当該理事、監事は、これによって第三者に生じた損害を賠償する責任を負うものである（法人法117条１項、198条）。

　理事、監事の第三者責任は、その要件が理事等が職務を行うについて悪意または重大な過失があったこと（理事等の任務懈怠が前提になっている）、第三者に損害が発生したこと、悪意または重大な過失と損害の発生との間に因果関係が存在することである。これらの要件の主張・立証責任は、損害賠償を請求する第三者が負うと解することができる。

　理事、監事の第三者責任と同様な損害賠償責任は、取締役につき従来の商法（266条ノ３）、有限会社法（30条ノ３）の下でも認められていたし、現在の会社法の下でも認められている（429条）。また、同様な損害賠償責任は、従来中間法人と呼ばれた法人の役員にも認められていたものである（たとえば、農業協同組合法33条３項・４項、中小企業等協同組合法38条の２第２項・３項）。

　法人の役員の第三者責任については、従来、株式会社、有限会社の取締役、監査役の損害賠償責任をめぐる多数の裁判例が公表されており（法律の各条文ごとに分類した裁判例の数を基準とすると、旧商法266条ノ３、旧有限会社法30条ノ３に関する裁判例は最多数のグループに属するということができるほどである）、これらの裁判例は一般社団法人、一般財団法人の理事、監事の第三者責任についても参考になるものであり、今後、訴訟等の場面で引用されることが予想される。

最高裁の判例を取り上げただけでも、下記のものがあり、多数の最高裁の判例が公表されているところであり、いずれも重要な法理、事例を示したものとして参考になる。

① 最二小判昭和34・7・24民集13巻8号1156頁、判時195号20頁（中小企業等協同組合の理事の事例）

② 最一小判昭和37・3・15集民59号223頁（株式会社の代表取締役の事例）

③ 最三小判昭和37・8・28集民62号273頁（株式会社の取締役の事例）

④ 最二小判昭和38・10・4民集17巻9号1170頁（株式会社の取締役の事例）

⑤ 最二小判昭和41・4・15民集20巻4号660頁、判時449号63頁（株式会社の代表取締役の事例）

⑥ 最三小判昭和42・3・7集民86号457頁（株式会社の代表取締役の事例）

⑦ 最三小判昭和44・5・27金判167号5頁（株式会社の取締役の事例）

⑧ 最大判昭和44・11・26民集23巻11号2150頁、判時578号3頁（株式会社の代表取締役の事例）

⑨ 最一小判昭和45・3・26判時590号75頁（株式会社の代表取締役の事例）

⑩ 最一小判昭和45・7・16民集24巻7号1061頁、判時602号86頁（有限会社の代表取締役の事例）

⑪ 最一小判昭和47・6・15民集26巻5号984頁、判時673号7頁（株式会社における取締役でないにもかかわらず、取締役就任登記がされた者の事例）

⑫ 最三小判昭和47・10・31判時702号102頁（株式会社の代表取締役

の事例)

⑬　最三小判昭和48・5・22民集27巻5号655頁、判時707号92頁（株式会社の取締役の事例）

⑭　最一小判昭和51・6・3金法801号29頁（株式会社の代表取締役の事例）

⑮　最三小判昭和51・10・26金法813号40頁（株式会社の代表取締役の事例）

⑯　最三小判昭和53・12・12金法884号27頁（株式会社の代表取締役の事例）

⑰　最三小判昭和54・7・10判時943号107頁（株式会社の取締役の事例）

⑱　最三小判昭和55・3・18判時971号101頁（株式会社の名目的取締役の事例）

⑲　最一小判昭和59・10・4判時1143号143頁（株式会社の取締役の事例）

⑳　最一小判昭和62・4・16判時1248号127頁（株式会社において取締役を辞任したものの、登記が残っていた者の事例）

㉑　最三小判昭和63・1・26金法1196号26頁（株式会社において取締役を辞任したものの、登記が残っていた者の事例）

㉒　最三小判平成9・9・9判時1618号138頁（株式会社の取締役の事例）

　これらの最高裁の判例のうち、訴訟実務において重要な先例となっているのが前記⑧最大判昭和44・11・26（民集23巻11号2150頁、判時578号3頁）であり、株式会社の取締役の第三者に対する責任について、議論があったことを含め、その趣旨、法理を明らかにしたものである。この判決は、理事、監事の第三者に対する損害賠償責任についても先例として引用されると予想されるものであり、長文であるが、紹介すると、

「商法は、株式会社の取締役の第三者に対する責任に関する規定として266条ノ3を置き、同条1項前段において、取締役がその職務を行なうについて悪意または重大な過失があったときは、その取締役は第三者に対してもまた連帯して損害賠償の責に任ずる旨を定めている。もともと、会社と取締役とは委任の関係に立ち、取締役は、会社に対して受任者として善良な管理者の注意義務を負い（商法254条3項、民法644条）、また、忠実義務を負う（商法254条ノ2）ものとされているのであるから、取締役は、自己の任務を遂行するに当たり、会社との関係で右義務を遵守しなければならないことはいうまでもないことであるが、第三者との間ではかような関係にあるのではなく、取締役は、右義務に違反して第三者に損害を被らせたとしても、当然に損害賠償の義務を負うものではない。

　しかし、法は、株式会社が経済社会において重要な地位を占めていること、しかも株式会社の活動はその機関である取締役の職務執行に依存するものであることを考慮して、第三者保護の立場から、取締役において悪意または重大な過失により右義務に違反し、これによって第三者に損害を被らせたときは、取締役の任務懈怠の行為と第三者の損害との間に相当の因果関係があるかぎり、会社がこれによって損害を被った結果、ひいて第三者に損害を生じた場合であると、直接第三者が損害を被った場合であるとを問うことなく、当該取締役が直接に第三者に対し損害賠償の責に任ずべきことを規定したのである。

　このことは、現行法が、取締役において法令または定款に違反する行為をしたときは第三者に対し損害賠償の責に任ずる旨定めていた旧規定（昭和25年法律第167号による改正前の商法266条2項）を改め、右取締役の責任の客観的要件については、会社に対する義務違反があれば足りるものとしてこれを拡張し、主観的要件については、重過失を要するものとするに至つた立法の沿革に徴して明らかであるばかりでなく、発起人の責任に関する商法193条および合名会社の清算人の責任に関する同法134

条ノ2の諸規定と対比しても十分に首肯することができる。

したがって、以上のことは、取締役がその職務を行なうにつき故意または過失により直接第三者に損害を加えた場合に、一般不法行為の規定によって、その損害を賠償する義務を負うことを妨げるものではないが、取締役の任務懈怠により損害を受けた第三者としては、その任務懈怠につき取締役の悪意または重大な過失を主張し立証しさえすれば、自己に対する加害につき故意または過失のあることを主張し立証するまでもなく、商法266条ノ3の規定により、取締役に対し損害の賠償を求めることができるわけであり、また、同条の規定に基づいて第三者が取締役に対し損害の賠償を求めることができるのは、取締役の第三者への加害に対する故意または過失を前提として会社自体が民法44条の規定によって第三者に対し損害の賠償義務を負う場合に限る必要もないわけである」と判示し、第三者に間接的に損害が生じた場合であっても、第三者に直接に損害が生じた場合であっても、取締役が悪意または重大な過失により取締役の義務に違反し、これによって第三者に損害を被らせたときは、取締役の任務懈怠の行為と第三者の損害との間に相当の因果関係がある限り、損害賠償責任を負うという法理を明らかにしているのである。

2 裁判例

これらの最高裁の判例の下、下級審の裁判例においてさまざまな事案で取締役等の第三者に対する損害賠償責任が問題になっている。近年のいくつかの裁判例を紹介したい。

〔裁判例8〕 横浜地判平成11・6・24判時1716号144頁（取締役の第三者責任の肯定事例）
X株式会社は、A株式会社が請け負ったビルの建設工事の内装工事を下請けし、工事を完成させて引き渡したところ、Aが破産した

ため、Aの取締役Y₁、Y₂に対して商法266条ノ3に基づき決済不能の手形金相当額の損害賠償を請求したものである。本判決は、粉飾決算が存在し、Xが粉飾決算を信用して工事を受注したことを認め、請求を認容したものである。

〔裁判例9〕 東京地判平成14・12・25判タ1135号257頁（取締役の第三者責任の肯定事例）

印刷等を業とするX株式会社は、A株式会社から継続的にチラシの印刷の注文を受け、これを行ったが（AがB株式会社と提携していたことから、注文したのがAかBかが争点の一つになっている）、Aが売掛金を支払わなかったことから、Aに支払いを請求する訴訟を提起し、勝訴判決を得て、同判決が確定したものの、Aが休眠状態になり、事実上回収が不能になったため、XがAの取締役Yが事実上の代表者であり、取引開始時に任務懈怠があった等と主張し、商法266条ノ3に基づき損害賠償を請求したものである。本判決は、YがBにおいて売掛金を支払ってくれるものと信用して、Xに発注したものである等とし、任務懈怠を認め、請求を認容したものである。

〔裁判例10〕 東京地判平成15・2・27判時1832号155頁（取締役の第三者責任の肯定事例）

A証券会社は、B証券会社からCの発行に係る外国債券を、D証券会社からEの発行に係る外国債券を購入し、小口化し、Xらの顧客に販売したところ、インドネシアの経済危機の影響を受け、原資産の発行会社が原資産の支払いをしなかったため、償還期限を過ぎても、その全部または一部が償還されなかったことから、Xら

(122名)がAの取締役であるYら（8名）に対して、債券が実態のないものであるとか、販売過程が違法であったなどと主張して、商法266条ノ3に基づく損害賠償を請求したものである。本判決は、杜撰な販売体制を構築していたとし、重過失による任務懈怠を認め、請求を認容したものである。

〔裁判例11〕 東京地判平成15・3・19判時1844号117頁（取締役の監視監督義務の懈怠による第三者責任の肯定事例）

X株式会社は、平成9年11月から12月まで、証券会社であるA株式会社との間でAがスタート取引の売主、エンド取引の買主となる債券現先取引を行っていたところ、Aが平成10年9月に破産宣告を受けたため、約15億円のエンド取引受渡代金の支払いを受けることができなくなったため、Aの代表取締役 Y_1、Y_2 に対して日本証券業協会理事会で定めたルール違反であり、違法な取引を行わないよう指導、監視する義務違反を主張し、不法行為、商法266条ノ3に基づき損害賠償を請求したものである。本判決は、重大な過失により監視監督義務を怠ったとし、請求を認容したものである。

〔裁判例12〕 金沢地判平成15・10・6判時1898号145頁（取締役の第三者責任の肯定事例）

牛乳等の製造、販売を業とするA株式会社は、牛乳を製造、販売していたところ、クレームを受けて回収した品質保持期限切れの牛乳を牛乳の原料として再利用する等し、これを飲用した多数の児童が食中毒を起こしたことから、解散せざるを得ない事態に陥り、従

業員を解雇したため、従業員の一部XらがAの代表取締役であったYに対して商法266条ノ3に基づき解雇に伴う損害につき損害賠償を請求したものである。本判決は、Yの任務懈怠を肯定し、請求を認容したものである。

〔裁判例13〕 名古屋高金沢支判平成17・5・18判時1898号130頁（取締役の社内体制構築義務違反による第三者責任の肯定事例）

前記の〔裁判例12〕金沢地判平成15・10・6判時1898号145頁の控訴審判決であり、Yが控訴し（Yの死亡後は、相続人らが訴訟を承継した）、Xらが附帯控訴したものである。本判決は、Yが品質保持期限切れの牛乳を再利用していたことを知っていたところ、これを防止する適切な社内体制を構築すべき義務を重大な過失により怠った等とし、任務懈怠を肯定し、原判決を変更し、請求を認容したものである。

〔裁判例14〕 東京地判平成17・6・27判時1923号139頁（取締役の第三者責任の否定事例）

和装を中心とした繊維製品の卸販売業を営むA株式会社は、平成3年、取引先の倒産により多額の不良債権が発生し、平成6年、ディリバティブ取引により多額の損失を被ったほか、取引先との取引中止、倒産等により経営が悪化し、平成12年11月、破産宣告を受けたが、平成10年9月からAと取引を開始したX株式会社が平成10年から平成12年の間のAの取締役Y_1ら、監査役Y_2に対して計算書類の虚偽記載、粉飾決算を主張し、商法266条ノ3に基づき損害賠

償を請求したものである。本判決は、計算書類の虚偽記載等を認めたものの、Xの損害との因果関係を否定し、請求を棄却したものである。

〔裁判例15〕 大阪高判平成17・9・29判時1925号157頁（取締役の任務懈怠・第三者責任の否定事例）

　繊維製品等の製造販売を業とするA株式会社は、売上げの悪化、取引先の倒産等によって経営が悪化し、平成13年9月、民事再生手続が開始され、再生計画が認可された後、再生計画を遂行していたところ、平成15年3月、再生計画に基づく再生債権に対する第1回目の弁済ができず、再生計画を遂行する見込みがなくなったことから、再生手続の廃止を求める上申書を裁判所に提出し、平成15年4月、再生手続廃止の決定を受け、同年5月、破産宣告を受けたため、Aに対して売掛金債権を有するX株式会社がAの代表取締役Yに対して任務懈怠、放漫経営を主張し、商法266条ノ3、不法行為に基づき損害賠償を請求したものである。第一審判決が任務懈怠を否定し、請求を棄却したため、Xが控訴したものである。本判決は、放漫経営を否定し、控訴を棄却したものである。

〔裁判例16〕 大阪地判平成18・4・17判時1980号85頁（取締役の第三者責任の否定事例）

　A（昭和15年生）は、袋物鞄の卸販売を業とするY_1株式会社（Y_2が代表取締役）に入社し、平成12年8月当時、専務取締役であったが、担当地域の販売会社を訪問し、注文を獲得し、出荷すること等の業務に従事していたところ、出張先のホテルのベッドで急性

循環不全により死亡したため、Aの相続人である妻X_1、子X_2、X_3がY_1に対して安全配慮義務違反、Y_2に対して善管注意義務違反を主張し、損害賠償を請求したものである。本判決は、各義務違反を否定し、請求を棄却したものである。

〔裁判例17〕 大阪高判平成19・1・18判時1980号74頁（取締役の第三者責任の肯定事例）

　前記の〔裁判例16〕大阪地判平成18・4・17判時1980号85頁の控訴審の判決であり、X_1らが控訴したものである。本判決は、Aの取締役の名称は名目的なものであり、実質的には営業社員であった等とし、健康状態に関する安全配慮義務違反を認め、Y_2については、Aの勤務状況、休日等の取得状況等を十分に認識し、労務の過重性も認識し得たとし、任務懈怠を認め、原判決を変更し、X_1らの請求を認容したものである。

〔裁判例18〕 大阪地判平成20・1・21判時2015号133頁、判タ1284号282頁（取締役の任務懈怠・第三者責任の否定事例）

　時計の販売等を業とするX_1株式会社、X_2株式会社は、平成15年10月から平成16年3月にかけてA株式会社（X_1、X_2の同族会社）に時計を販売していたところ、Aは、平成16年4月1日、破産宣告の申立てをし、同月2日、破産宣告を受けたため、X_1らがAの代表取締役Y_1の忠実義務違反による任務懈怠、取締役Y_2、Y_3の監視義務違反による任務懈怠、従業員Y_4の不法行為を主張し、損害賠償を請求したものである。本判決は、Y_1の責任について、Aが

会計帳簿上は債務超過であったものの、経常利益が認められ、大幅な粉飾決算もしていなかったし、倒産が将来確実であるということはできなかった等とし、任務懈怠を否定し、Y_2らの監視義務違反もない等とし、請求を棄却したものである。

〔裁判例19〕 東京地判平成21・2・4判時2033号3頁（取締役の権利侵害防止体制構築義務違反による第三者責任の肯定事例）

Y_1株式会社は、週刊誌を発行し、平成17年2月から同年7月にかけて、元横綱X_1、その妻X_2に関する記事を合計5回掲載したところ、この各記事は、X_1の借金、その父親であるAとの確執、Aの外部との連絡遮断、権利証の無断持出し、暴力団との関わり、八百長相撲等の多岐にわたる内容のものであったため、X_1らは、Y_1、週刊誌の編集長Y_2に対して不法行為に基づき損害賠償を請求するとともに（Y_1に対しては謝罪広告の掲載も請求した）、Y_1の代表取締役Y_3に対して商法266条ノ3の規定に基づき損害賠償を請求したものである。本判決は、Y_1、Y_2の共同不法行為責任を認め、Y_3の責任については、出版を業とする企業は、出版物による名誉毀損等の権利侵害行為を可及的に防止する効果のある仕組み、体制をつくっておくべきであり、株式会社においては、代表取締役が業務の統括責任者として社内に上記仕組み、体制を構築すべき任務を負うとし、X_1らの名誉を毀損する本件各記事が本件週刊誌に掲載され、発行されるに至ったのは、Y_1内部にこれを防止すべき有効な対策がとられていなかったことに原因があるとし、Y_3に前記任務を少なくとも重大な過失により懈怠したとし、請求を認容したものである。

〔裁判例20〕　新潟地判平成21・12・1判時2100号153頁（取締役の監視義務違反による第三者責任の肯定事例）

　建築業を営むX株式会社は、A有限会社（特例有限会社）がB株式会社から請け負った建物新築工事等の各一部につき下請契約を締結し、下請工事を完成させたが、Aにつき破産手続開始決定を受け、工事代金の回収が不可能になったため、XがAの取締役Yに対して自らの任務懈怠、監視義務違反の任務懈怠を主張し、有限会社法30条ノ3に基づき損害賠償を請求したものである（なお、Xは、他の取締役、監査役に対しても訴訟を提起し、訴訟上の和解をしている）。本判決は、Yの自らの職務遂行の任務懈怠を否定したが、監視義務違反の任務懈怠を肯定し、請求を認容したものである。

VI　虚偽記載が問題となった裁判例

1　問題の所在

　理事については、計算書類および事業報告並びにこれらの附属明細書に記載し、または記録すべき重要な事項についての虚偽の記載または記録、基金（法人法131条）を引き受ける者の募集をする際に通知しなければならない重要な事項についての虚偽の通知または当該募集のための当該一般社団法人の事業その他の事項に関する説明に用いた資料についての虚偽の記載もしくは記録、虚偽の登記、虚偽の公告をしたときは、これによって第三者に生じた損害につき賠償責任を負い、当該理事は、当該行為をすることについて注意を怠らなかったことを証明することによってその責任を免れることができる（法人法117条2項1号イ・ロ・ハ・

ニ。なお、一般財団法人の理事についてもこれらの規定が準用されているが、この性質上、基金を引き受ける者の募集をする際に通知しなければならない重要な事項についての虚偽の通知または当該募集のための当該一般社団法人の事業その他の事項に関する説明に用いた資料についての虚偽の記載もしくは記録に関する責任は準用されない。法人法198条)。

　監事については、監査報告に記載し、または記録すべき重要な事項についての虚偽の記載または記録をしたときは、これによって第三者に生じた損害につき賠償責任を負い、当該監事は、当該行為をすることについて注意を怠らなかったことを証明することによってその責任を免れることができる(法人法117条2項2号、198条)。

2　裁判例

　計算書類等の虚偽記載が問題になった裁判例としては、たとえば、次のようなものがある。

〔裁判例21〕　東京地判平成17・6・27判時1923号139頁(計算書類等の虚偽記載の肯定事例(因果関係の否定事例))

　和装を中心とした繊維製品の卸販売業を営むA株式会社は、平成3年、取引先の倒産により多額の不良債権が発生し、平成6年、ディリバティブ取引により多額の損失を被ったほか、取引先との取引中止、倒産等により経営が悪化し、平成12年11月、破産宣告を受けたが、平成10年9月からAと取引を開始したX株式会社が平成10年から平成12年の間のAの取締役Y_1ら、監査役Y_2に対して計算書類の虚偽記載、粉飾決算を主張し、商法266条ノ3に基づき損害賠償を請求したものである。本判決は、計算書類の虚偽記載等を認めたものの、Xの損害との因果関係を否定し、請求を棄却したもので

ある。

〔裁判例22〕 大阪地判平成18・2・23判時1939号149頁、金判1242号19頁（計算書類の虚偽記載等の否定事例）

　運輸業を営むA株式会社は、平成9年から平成12年にかけて架空売上げの計上等によって粉飾決算を行い、B株式会社は、Aを含む7社によって共同設立され、Bは、Aに対して多額の債権を有していたところ、平成13年3月、Aは、民事再生手続開始の申立てをし、民事再生手続から会社更生手続へ移行し、更生計画の認可を受け、他方、Bは、Aと同時に民事再生手続開始の申立てをし、再生計画の認可を受けたものであるが、Bの株主XがBの取締役、監査役であったY_1らと、Y_2監査法人に対して計算書類の虚偽記載、虚偽報告等を主張し、損害賠償を請求したものである。本判決は、虚偽記載等を否定し、請求を棄却したものである。

〔裁判例23〕 東京地判平成21・1・30判時2035号145頁（有価証券報告書の虚偽記載の肯定事例）

　X事業団は、信託銀行業を営むA株式会社に資金を信託し、Aが資金の運用としてY_1株式会社の株式を購入していたところ、Y_1に有価証券報告書の虚偽記載があることが判明し、Aが損害を被り、Xが損害賠償請求権を譲り受け、Y_1のほか、Y_1の親会社であるB株式会社を吸収合併したY_2株式会社、経営者Y_3に対して共同不法行為等に基づき損害賠償を請求したものである。本判決は、虚偽記載を認め、Y_1らの不法行為を肯定し、請求を認容したものである。

また、計算書類の虚偽記載等が問題になったその余の裁判例として、横浜地判昭和51・10・19（判タ357号310頁）、京都地判昭和55・10・14（判タ427号186頁）、東京地判昭和58・2・24（判時1071号131頁）、大阪高判昭和61・5・20（判時1206号125頁）、山口地判平成3・4・25（判タ760号241頁）、大阪高判平成16・5・25（判時1863号115頁）がある。

VII　複数の理事、監事に関する求償の問題

1　問題の所在

　理事、監事が一般社団法人、一般財団法人、第三者に対して損害賠償責任を負う場合、複数の理事等がこの責任を負うことがあるが、この場合、これらの者は連帯債務者とされている（法人法118条、198条）。この場合の連帯の意義は、民法719条所定の「連帯」と同じものであると解することができるから、不真正連帯債務であると解される（民法432条以下の連帯債務とは異なるものであり、これらの民法の規定は適用、類推適用されないと解されている）。複数の理事、監事につき損害賠償責任が認められる場合、個々の理事らは、それぞれ一般社団法人等に損害全額につき賠償責任を負うものであり、人数に応じて分割した責任を負うものではない。しかも、複数の理事、監事が関与した不正行為、任務懈怠がある場合、一般社団法人等は、複数の理事、監事に対して漏れなく損害賠償責任を追及する義務はないし、そのようにすべき理由もないものであって、損害賠償責任を追及する理事等を自己の判断に従って選択することもできる。

　理事、監事にとっては、仮に損害賠償責任を負う場合であっても、複数の理事、監事が関与しているときは、損害全部の賠償責任を負わせられることが不公平に感じられることであろう。当然の感想であるが、法

的には簡単な事柄ではない。まず、前記のとおり、不正行為、任務懈怠に関与した複数の理事、監事のうち特定の者が現実に訴訟等によって責任が追及されることはありうるし、関与した理事、監事の全員につき損害賠償責任が認められたとしても、特定の者のみが現実に損害賠償責任の履行を強制される事態も生じないではない。このような場合、損害賠償責任を負担させられた特定の理事、監事は、関与した他の理事、監事に対して応分の負担を求めることができるかが問題になるし（従来から、求償の問題として議論されている）、重要な関心事である。

　複数の理事、監事らがその職務の遂行にあたって損害賠償責任を負う場合における求償を認める法律上の明文の根拠は見出せないし、求償の基準を明らかにする法律上の規定もない。この場合、損害賠償責任を履行した理事、監事が他の理事、監事に対して求償権を行使することができるかは、自己の負担部分を超えて責任を履行したときは、その超過部分につき求償が認められるということができ（従来、共同不法行為者間で同様な問題が生じ、議論されてきたところである）、合理的である（その根拠としては信義則、公平の理念を援用することができよう）。問題は、自己の負担部分をどのような基準によって、どのような事情を考慮して判断することができるかであるが、難問であり、個々の事案ごとに検討していくほかない（過失を要件とする共同不法行為者間の求償の場合には、過失割合が分担基準と解されているが、理事、監事の損害賠償責任のうち、過失を要件とする場合には同様に解することができるとしても、それ以外の場合には、過失割合を基準とすることができない）。

2　裁判例

　株式会社の取締役等の間における求償が問題になった裁判例としては、次のものがある。

〔裁判例24〕 浦和地判平成8・11・20判タ936号232頁（取締役の取締役に対する求償の否定事例）

　Xは、青果販売業を営むA株式会社の代表取締役であったが、Aから粉飾決算の損害賠償責任を追及され、Aに対して約1億5343万円の損害賠償義務を履行し、その後、Aの取締役、監査役に就任していたYに対して粉飾決算を看過したこと等を理由として、求償権を行使し、求償を請求したものである。本判決は、Yが粉飾決算を発見することができなかったものであり、任務懈怠がなかったとし、請求を棄却したものである。

Ⅷ　理事、監事の損害賠償責任の消滅時効

　理事、監事の損害賠償責任については、消滅時効が問題になることがあるが、理事、監事の不法行為に基づく損害賠償責任は、不法行為の損害賠償責任に関する消滅時効による（民法724条）。理事、監事の一般社団法人、一般財団法人に対する任務懈怠による場合と、委任契約上の債務不履行による場合には、10年間の消滅時効によるものと解することができる（民法167条1項。なお、消滅時効の起算点は、民法166条による）。また、理事、監事の第三者に対する任務懈怠による損害賠償責任についても、10年間の消滅時効によるものと解することができる（民法167条1項。株式会社の取締役の会社に対する任務懈怠による損害賠償責任の消滅時効が10年間であることについては、最二小判平成20・1・28判時1995号151頁参照。また、株式会社の取締役の第三者に対する損害賠償責任の消滅時効が10年間であることについては、最三小判昭和49・12・17民集28巻10号2059頁、金法745号32頁参照）。

理事、監事の損害賠償責任は、不法行為に基づく場合は別として、10年間の消滅時効の対象になると、理事、監事を退任した後にも損害賠償責任が問われる可能性が残ることになる（消滅時効の時効期間の起算点は、最も早くても、任務懈怠行為、あるいは義務の不履行行為の時点であると解されるから、その時点から10年間は消滅時効の時効期間が経過しないことになる）。のみならず、理事、監事が仮に死亡したとしても、死亡は損害賠償責任を消滅させるものではないし、時効期間を満了させるものでもない。理事、監事の損害賠償責任（損害賠償義務）は、相続人に相続によって承継されるものであり、適法に相続放棄、限定承認がなされない限り（民法915条）、法定相続分に応じて分割して相続人に承継されることになる。理事、監事の中には相当の年齢の者が少なくないのが実情であるから、理事、監事としての職務の遂行にあたって任務懈怠等の疑いがもたれると、理事等を退任した後、あるいは在任中、死亡後、相続人に対して損害賠償責任が追及される可能性が残ることになる。実際にも、株式会社の取締役の場合、取締役が死亡した後、株式会社、株主、あるいは第三者が取締役の相続人等に対して相続に係る損害賠償責任を追及した事例が見かけられたところである。

IX　理事、監事の責任を追及することができる主体

1　問題の所在

　理事、監事に対して責任を追及する主体については、まず、一般社団法人、一般財団法人がある。一般社団法人の場合には、代表権を有する理事が裁判上の行為をする権限を有するから（法人法77条4項）、この理事が一般社団法人を代表して訴訟を提起することができるのが原則であるが、理事の損害賠償責任を追及する訴訟については、責任追及の馴れ

IX　理事、監事の責任を追及することができる主体

合いのおそれがあるから、社員総会が当該訴えにつき一般社団法人を代表する者を定めることができるし（法人法81条）、監事が設置されている一般社団法人の場合には、当該訴えにつき監事が一般社団法人を代表するものとされている（法人法104条1項）。

　一般財団法人の場合には、代表理事が裁判上の行為をする権限を有するのが原則であるが（法人法197条、77条4項）、理事の損害賠償責任を追及する訴えについては、監事が一般財団法人を代表するものとされている（法人法197条、104条1項）。

　理事、監事の行為によって損害を被った第三者は、自ら損害賠償を請求する訴訟を提起することができる。

　また、一般社団法人の場合には、一般社団法人の社員も理事、監事の損害賠償責任を追及する訴訟を提起することが認められている（社員代表訴訟と呼ぶことができる。法人法278条ないし283条）。社員が一般社団法人のために提起する訴訟は、従来、株式会社の場合、株主代表訴訟として経済界、法律実務で話題になった類型の訴訟であるが、この制度が法人法の制定にあたって導入されたわけである（従来から民法法人への導入が議論されていた）。一般社団法人の運営にあたって経営陣が理事らの損害賠償責任を適正に追及しない事態がある場合、社員が一般社団法人のために責任を追及する訴訟の提起を認めたものである。株主代表訴訟は、平成5年の制度改正によってその利用が活発化したといわれているが、根拠がないか、または乏しい株主代表訴訟の提起も見られ、その制限をめぐる議論が訴訟実務、政治、経済の場で行われ、現在の会社法の下の制度に引き継がれているところである。一般社団法人の社員代表訴訟の今後の動向が注目されているが、一般社団法人の経営の動向、理事等の姿勢・意識によっては活発に利用される可能性を秘めているということができる。

2　裁判例（株主代表訴訟）

近年における株主代表訴訟に関する裁判例をいくつか見ると、次のようなものがある。

〔裁判例25〕　東京地判平成16・5・20判時1871号125頁（取締役・監査役の責任の否定事例）

　大手商社であるA株式会社は、米国市場における黒鉛電極事業に参入することを計画し、米国メーカーの子会社の株式を譲り受けて参入し、Aの従業員等は、他のメーカーとの会議に出席する等したことから、Aが黒鉛電極のカルテルの教唆、幇助の被疑事実によって米国の連邦裁判所に起訴され、有罪の評決を受け、1億3400万ドルの罰金を支払ったため、Aの株主X_1、X_2がAの取締役、監査役であったYらに対して善管注意義務違反、監督義務違反、法令遵守体制構築義務違反等を主張し、株主代表訴訟を提起して損害賠償を請求したものである。本判決は、Aが会社として組織的にカルテルに関与した事実が認められないとし、善管注意義務違反、監督義務違反、法令遵守体制構築義務違反を否定し、請求を棄却したものである。

〔裁判例26〕　東京地判平成16・7・28判タ1228号269頁、金判1239号44頁（取締役の責任の否定事例）

　百貨店業を営むA株式会社は、B株式会社（メインバンクは、C株式会社）とゴルフ場の土地買収、造成等につき覚書を締結し、Aの子会社であるD株式会社がBに500億円余の貸付けをする等したが、ゴルフ場の開発が頓挫し、Bの経営が悪化し、Aは、巨額の引

当てを余儀なくされたため、Aの株主XがAの取締役Y_1ないしY_{10}に対して、AがBの代表取締役E、Cに対する損害賠償請求等の回収を行わなかったことが善管注意義務に違反すると主張し、株主代表訴訟により損害賠償を請求したものである。本判決は、AのEらに対する債権回収が確実であったとはいえず、勝訴の高度の蓋然性があったとは認められない等とし、善管注意義務違反を否定し、請求を棄却したものである。

〔裁判例27〕 東京地判平成16・12・16判時1888号3頁、判タ1174号150頁、金判1216号19頁（取締役の責任の肯定事例、取締役・監査役の責任の否定事例）

　乳酸菌飲料の製造、販売を業とするA株式会社の取締役副社長Y_{10}が平成3年10月から平成10年3月までの間にわたりディリバティブ取引を行い、平成10年3月期に特別損失を計上し、533億円余の損失を被ったため、Aの株主X_1、X_2らが定款違反、善管注意義務違反、忠実義務違反、監視義務違反等を主張し、Y_{10}のほか、取締役Y_1、Y_2ら、監査役Y_9、Y_{11}に対して株主代表訴訟を提起し、損害賠償を請求したものである。本判決は、ディリバティブ取引が定款、法令に違反するものではなく、リスクの管理体制がとられていた等とし、Y_{10}を除くYらの責任を否定し、Y_{10}については、リスク管理体制で定めた想定元本の限度枠を超える取引を行ったことにつき善管注意義務違反を認め、Y_{10}に対する請求を認容し、その余のYらに対する請求を棄却したものである。

〔裁判例28〕 東京高判平成16・12・21判タ1208号290頁（取締役の責任の否定事例）

前記の〔裁判例26〕東京地判平成16・7・28判タ1228号269頁、金判1239号44頁の控訴審判決であり、Xが控訴したものである。本判決は、原判決を引用し、控訴を棄却したものである。

〔裁判例29〕 大阪地判平成16・12・22判時1892号108頁（取締役の責任の肯定事例、取締役・監査役の責任の否定事例）

環境衛生・清掃用資材等の製造、販売等を業とするA株式会社は、ドーナッツ等の食品を販売するフランチャイズ店を経営していたところ、食品衛生法上使用が認可されていない食品添加物を含む肉まんを平成12年5月から同年12月まで1314万個販売したが（AのB事業部が担当し、C株式会社に製造を委託し、Cの系列会社の中国工場で製造された肉まんを輸入していたが、発覚後、口止め料も支払われていた）、保健所に匿名通報されたことによって発覚し、B事業部の担当取締役であったY_1、Y_2は混入の事実を認識したものの、販売禁止等の措置をとらず、販売を継続する一方、保険所の立入り検査を受け、D府から肉まんの仕入れ、販売禁止の処分を受け、食品衛生法違反で罰金20万円の略式命令を受ける等したため、Aの株主Xが株主代表訴訟を提起し、Y_1、Y_2のほか、取締役Y_3ら、監査役Y_4らに対して善管注意義務違反を主張し、加盟店営業補償費、キャンペーン関連費用等の損害賠償を請求したものである。本判決は、Y_1の善管注意義務違反を認めたものの、Y_2らの責任を否定し、Y_1に対する請求を認容し、Y_2らに対する請求を棄却したものである。

Ⅸ　理事、監事の責任を追及することができる主体

〔裁判例30〕　大阪地判平成17・2・9判時1889号130頁、判タ1174号292頁（取締役の責任の肯定事例）

　前記の〔裁判例29〕大阪地判平成16・12・22判時1892号108頁の関連事件であり、A株式会社のB事業部の担当取締役であったY$_1$、Y$_2$は混入の事実を認識したものの、販売禁止等の措置をとらず、販売継続する一方、保険所の立入り検査を受け、D府から肉まんの仕入れ、販売禁止の処分を受け、食品衛生法違反で罰金20万円の略式命令を受ける等したため、Aの株主Xが株主代表訴訟を提起し、Y$_1$、Y$_2$に対して善管注意義務違反を主張し、加盟店営業補償費、キャンペーン関連費用等の損害賠償を請求したものである。本判決は、Y$_1$らの取締役としての善管注意義務違反を認め、請求を認容したものである。

〔裁判例31〕　東京地判平成17・3・3判タ1256号179頁（取締役の責任の否定事例）

　割賦販売あっせん等を業とするA株式会社は、リース業を営むB株式会社の筆頭株主（発行済株式総数の8.88％を保有）であり、Bが経営不振になり、Bの取引金融機関等から支援を受け、3度にわたり再建計画を策定し、実行したが、再建に至らず、東京地裁に特別清算手続開始の申立てをすることになり、その直前にAの取締役会が610億円の支援金を支出する決議を行い、開始決定がされた後、支援金を支出したため、Aの株主XがAの取締役Yら（合計14名）に対して善管注意義務違反、忠実義務違反、株主に対する利益供与の禁止違反に当たる等とし、株主代表訴訟を提起し、損害賠償を請求したものである。本判決は、支援金の支出の合理性、事実の認識、判断の合理性等を考慮し、明らかに不合理であるとはいえず、取締

役の裁量を超えたとはいえないとし、善管注意義務違反、忠実義務違反等を否定し、請求を棄却したものである。

〔裁判例32〕 東京地判平成17・3・10判タ1228号280頁、金判1239号56頁（取締役の責任の否定事例）

前記の〔裁判例26〕東京地判平成16・7・28判タ1228号269頁、金判1239号44頁の関連事件であり、前訴が平成14年5月の時点の取締役を被告としたものであるが、本訴は、平成16年5月の時点のAの取締役であるY_1ないしY_{14}に対してXが同様な主張をし、株主代表訴訟を提起したものである。本判決は、前訴と同一の取締役につき訴訟の提起が信義則に違反するとし、訴えを却下し、その余の取締役につき善管注意義務違反を否定し、請求を棄却したものである。

〔裁判例33〕 東京地判平成18・4・13判タ1226号192頁（取締役の責任の否定事例）

A株式会社の経営権をめぐってB株式会社とC株式会社との間で紛争が生じ、Cが株式の公開買付けを行った際、電力事業を行うD株式会社が保有するAの株式の売却に応募し、売却したため、Dの株主X_1、X_2がDの取締役Yら（合計17名）に対して、市場価格が買付価格を上回っていたにもかかわらず、応募を撤回しなかったことが善管注意義務等に違反すると主張し、株主代表訴訟により損害賠償を請求したものである。本判決は、経営者の判断として公開買付けに応じたことが著しく不合理とはいえないとし、請求を棄却したものである。

〔裁判例34〕　大阪高判平成18・6・9判時1979号115頁（取締役・監査役の責任の肯定事例）

　前記の〔裁判例29〕大阪地判平成16・12・22判時1892号108頁の控訴審判決であり、X、Y_1が控訴したものである。本判決は、担当取締役等の善管注意義務違反を認めたうえ、代表取締役社長については、販売継続を知った時点で早期に適切な措置をとり、損害回避に向けた対応策を積極的に検討することを怠った善管注意義務違反があり、その余の取締役等は取締役会において事実を積極的に公表しないとしたことにつき善管注意義務違反を認め、監査役については取締役等の任務懈怠に対する監査を怠ったとし、Xの控訴に基づき原判決を変更し、請求を認容し、Y_1の控訴を棄却したものである。

〔裁判例35〕　大阪高判平成19・1・18判時1973号135頁（取締役の責任の肯定事例）

　前記の〔裁判例30〕大阪地判平成17・2・9判時1889号130頁、判タ1174号292頁の控訴審判決であり、Y_1らが控訴したものである。本判決は、肉まんの原材料に無認可の食品添加物が混入していることが明らかになった後、関係当局への通報、事実の公表、情報提供等の措置をとるなどの会社の信用失墜の防止、消費者の信用回復のために努力すべき善管注意義務に違反したとし、原判決を変更し、請求を認容したものである。

〔裁判例36〕　大阪高判平成19・3・15判タ1239号294頁（取締役の責任の否定事例）

　A株式会社は、加盟店等による株式保有を経営方針とし、株主が換価の必要が生じたときは、グループ内の企業に株式を買い取らせ、適時に自己株式として取得し、毎会計期の直前に次期における1株当たりの取得価格（基準株価）を取締役会で決定するような運用をしていたところ、肉まん事件の発覚した会計期については発覚前に1株当たりの純資産額を上回る基準株価8850円を取締役会で決定したが、関連会社からの100万株の取得等につきこの価格を適用したため、Aの株主Xが純資産額を上回る価額で取得することを取締役会で決議したことが善管注意義務違反、忠実義務違反に当たると主張し、Aの取締役 Y_1 ないし Y_9 に対して株主代表訴訟を提起して損害賠償を請求したものである。第一審判決は善管注意義務違反等を否定し、請求を棄却したため、Xが控訴したものである。本判決は、非上場会社の株式算定については純資産方式が絶対的ではなく、さまざまな評価方法が採用されているところ、本件では肉まん事件は単発的な事件であり、前記の価格を決議したことが直ちに不相当であるとはいえないとし、善管注意義務違反等を否定し、控訴を棄却したものである。

〔裁判例37〕　東京地判平成19・9・27判時1986号146頁、金判1278号18頁（取締役の責任の否定事例）

　Xら（501名）は、A株式会社の株主であるが、Aは、平成15年9月の中間決算期に連結ベースで約630億円の債務超過であり、事業の再生、財務の改善のため、平成16年3月、産業再生機構に支援の申込みをし、平成17年4月頃、粉飾決算の事実を公表し、同年6

月、上場が廃止されたところ、スポンサー企業を探し、B株式会社、C有限責任事業組合等がスポンサー企業として支援することになり、Aの多数の株式を取得し、関連するファンド連合にAの事業を譲渡し、代金債権の処理につき債務引受け、相殺等をする等したことから、Xらが株主代表訴訟を提起し、Aの取締役であるY_1ないしY_5に対して善管注意義務違反、忠実義務違反を主張し、損害賠償を請求したものである。本判決は、Xらのうち25名が提訴請求をしていないとし、訴えを却下し、他のXらにつき訴訟の提起が権利の濫用に当たらないとしたものの、Aに損害が生じたと認めるに足りる証拠がないとし、請求を棄却したものである。

〔裁判例38〕 東京高判平成20・5・21判タ1281号274頁、金判1293号12頁（取締役の責任の肯定事例、取締役・監査役の責任の否定事例）

前記の〔裁判例27〕東京地判平成16・12・16判時1888号3頁、判タ1174号150頁、金判1216号19頁の控訴審判決であり、X_1らが控訴したものである。本判決は、定款違反、商法260条2項違反を否定し、リスク管理体制を構築、運用している状況で担当取締役、監査役の監視義務違反を否定し、担当取締役の善管注意義務違反を肯定し、控訴を棄却したものである。

X　理事、監事の忠実義務と善管注意義務

1　問題の所在

　理事、監事の損害賠償責任の原因、理由については、すでに説明したとおり、理事、監事の義務に違反し、あるいは権限の不適切な行使をしないことが重要なものである。しかし、理事、監事は、前記の各種の義務を適切に履行していれば損害賠償責任を負わないということができるかというと、必ずしも責任を遮断することはできない。理事は、広範な義務である忠実義務（法人法83条、197条）を負うほか、善管注意義務を負うものであるし（民法644条）、監事も善管注意義務を負うものであって、これらの義務を的確に遵守したかどうかは必ずしも明確でないことがある。これらの広範な内容の義務の遵守が明確でないという事態は、損害賠償責任が追及される余地を残すことになる。
　また、理事、監事は、任務懈怠とか、不法行為による損害賠償責任を負うものであり、任務懈怠、不法行為の成否も明確でないことがある。しかも、理事、監事が損害賠償責任を負う根拠となる理事等の行為は、積極的な加害行為のほか、不作為も含むものであるから、何か積極的な行動に出た場合のみにその責任が限定されるわけではない。
　理事、監事は、一般社団法人、一般財団法人の日々の業務をさまざまな立場から遂行するものであり、業務の内容によっては、一般社団法人、一般財団法人、第三者に損失を被らせる事態が生じることがある。理事、監事がその業務を誠意をもって遂行していたとしても、一般社団法人、一般財団法人に損失が生じる事態を完璧に避けることはできないし、一般社団法人等の従業員の行為、経済情勢、取引等の相手方、関係者の行為等の事情が相まって損失が生じることもある。一般社団法人、一般財

団法人、取引の相手方等が被った損失を自ら負担すべきであると受忍すれば別であるが、他の者の責任であると考え、特に一般社団法人等の理事、監事の行為に原因があると考えた場合には、理事、監事の損害賠償責任が追及される可能性が生じるものであり、このような可能性は一般社団法人等の経営にあたって相当に広く見られるものである。

　忠実義務と善管注意義務との関係は、違うようでもあり、同じようでもあり、訴訟実務においても重畳的に利用されることが多いところ、最大判昭和45・6・24（民集24巻6号625頁）は、「商法254条ノ2の規定は、同法254条3項、民法644条に定める善管義務を敷衍し、かつ一層明確にしたにとどまるのであつて、所論のように、通常の委任関係に伴う善管義務とは別個の、高度な義務を規定したものとは解することができない」と判示し、一応その関係を明確にしている。もっとも、この最高裁の判例を読むと、一般的にはむしろ混乱が広がるような印象があろう。

　取締役の忠実義務違反、善管注意義務違反が主張される場合、法令違反が認められるときは別として、取締役の経営判断の原則、経営上の裁量が反論として主張されることが多く、裁判例においても、経営判断の原則、経営上の裁量を前提として判断されている。理事の忠実義務違反、善管注意義務違反が主張される場合においても、判断の内容・範囲、裁量の内容・範囲は異なるとしても、経営判断の原則、経営上の裁量が重要な事情として考慮されることになる。

2　忠実義務違反に関する最近の裁判例

　従来の裁判例に現れた忠実義務、善管注意義務等のいくつかの類型の義務を取り上げてみたい。

　まず、忠実義務をめぐる裁判例は多数公表されているが、近年の裁判例としては次のようなものがある。

〔裁判例39〕 東京地判平成13・3・29判時1750号40頁（取締役の忠実義務違反の否定事例）

A株式会社は、グリーンメイラーとして著名なZに株式を買い占められ、Zが株式の買受資金として借り入れていた負債の肩代わり等をA、そのメインバンクであるB銀行に対して要求し、Aの社長らを脅迫する等し、A、BがZに300億円を融資することとし、B系列のノンバンクCからAの系列会社D、Zの関与するE会社を経由して300億円を融資し、債務の肩代わりもDにさせたが、Dが清算されたため、多額の損失が発生したことから、Aの株主XがZの破産管財人Y_1、Bから派遣された取締役Y_2らに対して株主代表訴訟を提起して損害賠償を請求したものである（Y_1に対しては、破産債権の確定を請求した）。本判決は、Y_2らが恐喝に屈したことが企業経営者の判断として著しく不合理であるとはいえないとし、忠実義務違反等を否定し、Y_1に対する請求を認容したものの、Y_2らに対する請求を棄却したものである。

〔裁判例40〕 大阪地判平成14・1・30判タ1108号248頁（取締役の忠実義務違反の否定事例）

ホテル事業を営むA株式会社は、関連会社を設立し、系列のホテルを開業して経営していたところ、関連会社が業績不振により赤字を計上し、多額の累積損失を抱えたため、関連会社であるB株式会社を介して継続的に運転資金を融資し、あるいは金融機関から融資を受けるに際して保証等をし、関連会社に対する債権を放棄したため、Aの株主Xら（3名）がAの取締役Yらに対して善管注意義務違反、忠実義務違反、監視義務違反、利益相反取引等を主張し、株主代表訴訟を提起して損害賠償を請求したものである。本判決は、

融資、債権放棄等によって支援をすることが必要であった等とし、善管注意義務違反、忠実義務違反、監視義務違反を否定し、Aの代表取締役が関連会社の代表取締役を兼務していたとしても、債権放棄が利益相反取引に当たらない等とし、請求を棄却したものである。

〔裁判例41〕 松山地判平成14・3・15判タ1138号118頁（理事の忠実義務違反の肯定事例）

　A漁業協同組合は、松山港港湾整備事業に伴い、B県から漁業権の消滅補償として漁業補償金7億200万円の交付を受け、臨時総会において漁業補償金の配分につき配分委員会を設置し、配分委員を選任し、配分委員会で配分案が作成、決定され、理事会において承認された後、臨時総会において配分案が決定され、組合員等に配分が実施されたため、Aの組合員Xら（合計6名）がAの元代表理事Y_1、専務理事Y_2、理事（現在の代表理事）Y_3に対して組合員としての資格を有しない者にも配分され、これが善管注意義務違反、忠実義務違反に当たると主張し、損害賠償を請求したものである。本判決は、正組合員としての資格を有しない者に対する配分が公序良俗に違反して無効であり、理事には善管注意義務違反、忠実義務違反がある等とし、請求を認容したものである。

〔裁判例42〕 東京地判平成14・9・26判時1806号147頁（取締役の忠実義務違反の肯定事例）

　ゴルフ場の経営を業とするX株式会社は、2箇所のゴルフ場を経営していたところ、Xの代表取締役Y、その親族が経営するA株式会社、B株式会社、C株式会社との間で、XがAらに対してゴルフ

場のゴルフクラブの入会資格を有することを確認する、Aらは入会手続を行わず、プレー権を凍結する、Xがプレー権の凍結の対価を支払うなどの内容のプレー権凍結契約を締結し、XがAらに合計34億9000万円を支払う等したことから（当時、Yは、Xの代表取締役であるとともに、Aらの代表取締役であった）、XはYに対して不法行為に基づき損害賠償を請求し、その後、Xにつき会社更生手続が開始され、管財人に選任されたZ_1、Z_2が商法266条1項5号違反を主張し、損害賠償責任の査定を受け、Yが異議を申し立てたものである（最初の事件は、Z_1らが訴訟を承継した）。本判決は、Yが取締役としての忠実義務に違反する等したとし、請求を認容したものである。

〔裁判例43〕 東京高判平成15・3・27金判1172号2頁（取締役の忠実義務違反の否定事例）

前記の〔裁判例39〕東京地判平成13・3・29判時1750号40頁の控訴審判決であり、Xが控訴したものである。本判決は、Y_2らの忠実義務違反、善管注意義務違反等を否定し、控訴を棄却したものである。

〔裁判例44〕 東京地判平成15・5・12金判1172号39頁（取締役の忠実義務違反の否定事例）

A株式会社は、平成9年5月、B株式会社、C株式会社を設立し、AとBは、将来Cの完全子会社に移行することを計画し、平成14年に上場することを企図していたところ、Y_1は、平成10年1月以降現在まで、Aの代表取締役に就任し、Y_2は、平成12年6月までAの代表取締役であり、同年10月までCの代表取締役であったが、A

は、平成12年9月に開催した取締役会においてCを持株会社とする持株会社移行に参加しない旨を決議し、同年10月、A、Bは、Cの臨時株主総会を開催し、Cの解散決議をしたため（全員出席総会であり、全員が賛成した）、Aの株主Xが株主代表訴訟を提起し、善管注意義務違反、忠実義務違反を主張し、Y_1、Y_2に対して損害賠償を請求したものである。本判決は、Y_2は、Cの解散決議当時取締役ではなかったとし、訴えを却下し、Y_1に対する訴訟の提起が権利の濫用に当たらないとしたものの、他の取締役らとともに議論を尽くし、Aの今後の経営戦略、成長をも踏まえ、悪影響をも考慮したうえで前記の構想から離脱することを判断したものであり、取締役の裁量の範囲内であるとし、善管注意義務違反、忠実義務違反等を否定し、請求を棄却したものである。

〔裁判例45〕 大阪地判平成15・10・15金判1178号19頁（取締役の忠実義務違反の否定事例）

鉄道事業を営むA株式会社は、昭和54年1月、B府との間で、軌道の連続立体交差化事業につき覚書を締結し、鉄道工事に着手し、平成13年3月、工事を完了し、Bから合計376億円の工事負担金を受け入れたが、Aの取締役Y_1ないしY_6は、取締役会において圧縮記帳をしないで損益計算書を承認する決議をしたことから、Aの株主X_1、X_2が株主代表訴訟を提起し、圧縮記帳すべきであったのに、これをしないで損益計算書を承認し、利益配当額、中間配当額、法人税等納付額の損害が生じたことにつき善管注意義務違反、忠実義務違反を主張し、Y_1らに対して損害賠償を請求したものである。本判決は、この会計処理にあたって複数の機関で複数回の審議が行われる等の過程を経ており、事実の認識に重要かつ不注意な誤りが

あったとはいえず、意思決定の過程、内容が企業経営者として特に不合理、不適切なものであったとはいえず、取締役としての裁量の範囲を逸脱していないとし、善管注意義務違反、忠実義務違反を否定し、請求を棄却したものである。

〔裁判例46〕　東京地判平成17・3・3判タ1256号179頁（取締役の忠実義務違反の否定事例）

　割賦販売あっせん等を業とするA株式会社は、リース業を営むB株式会社の筆頭株主（発行済株式総数の8.88％を保有）であり、Bが経営不振になり、Bの取引金融機関等から支援を受け、3度にわたり再建計画を策定し、実行したが、再建に至らず、東京地裁に特別清算手続開始の申立てをすることになり、その直前にAの取締役会が610億円の支援金を支出する決議を行い、開始決定がされた後、支援金を支出したため、Aの株主XがAの取締役Yら（合計14名）に対して善管注意義務違反、忠実義務違反、株主に対する利益供与の禁止違反に当たる等とし、株主代表訴訟を提起し、損害賠償を請求したものである。本判決は、支援金の支出の合理性、事実の認識、判断の合理性等を考慮し、明らかに不合理であるとはいえず、取締役の裁量を超えたとはいえないとし、善管注意義務違反、忠実義務違反等を否定し、請求を棄却したものである。

〔裁判例47〕　東京地判平成17・6・14判時1921号136頁（取締役の忠実義務違反の肯定事例）

　百貨店事業を行うX株式会社の代表取締役Y_1は、長年グループ会社を経営していたところ、集塵・脱臭機械等の製造、販売を業と

するA株式会社を設立し、Aが経営不振になったことから、売買を仮装して融資を行い、回収不能になったが、Xにつき民事再生手続が開始され、Y₁のほか、代表取締役Bの善管注意義務違反、忠実義務違反を理由とする損害賠償査定決定がされたため（東京地決平成12・12・8金判1111号40頁）、Y₁らが異議を申し立てたものである（Bが死亡し、相続財産Y₂が権利・義務を承継した）。本判決は、代表取締役等の善管注意義務違反、忠実義務違反を認め、査定決定を認可したものである。

〔裁判例48〕 最二小判平成18・4・10民集60巻4号1273頁、判時1936号27頁、判タ1214号82頁、金判1249号27頁（取締役の忠実義務違反の肯定事例）

前記の〔裁判例43〕東京高判平成15・3・27金判1172号2頁の上告審判決であり、Xが上告受理を申し立てたものである。本判決は、Y₂らの善管注意義務違反、忠実義務違反が認められる等とし、原判決を破棄し、本件を東京高裁に差し戻し、

「(1) Cによる恐喝被害に係る金員の交付について

　ア　忠実義務、善管注意義務違反（商法266条1項5号）の責任について

前記事実関係によれば、Cには当初から融資金名下に交付を受けた約300億円を返済する意思がなく、被上告人らにおいてこれを取り戻す当てもなかったのであるから、同融資金全額の回収は困難な状況にあり、しかも、yミシンとしては金員の交付等をする必要がなかったのであって、上記金員の交付を正当化すべき合理的な根拠がなかったことが明らかである。被上告人らは、Cから保有するyミシン株の譲渡先は暴力団の関連会社であることを示唆されたこと

から、暴力団関係者がｙミシンの経営等に干渉してくることにより、会社の信用が毀損され、会社そのものが崩壊してしまうことを恐れたというのであるが、証券取引所に上場され、自由に取引されている株式について、暴力団関係者等会社にとって好ましくないと判断される者がこれを取得して株主となることを阻止することはできないのであるから、会社経営者としては、そのような株主から、株主の地位を濫用した不当な要求がされた場合には、法令に従った適切な対応をすべき義務を有するものというべきである。前記事実関係によれば、本件において、被上告人らは、Ｃの言動に対して、警察に届け出るなどの適切な対応をすることが期待できないような状況にあったということはできないから、Ｃの理不尽な要求に従って約300億円という巨額の金員を光進に交付することを提案し又はこれに同意した被上告人らの行為について、やむを得なかったものとして過失を否定することは、できないというべきである」
と判示している。

〔裁判例49〕 盛岡地判平成19・7・27判タ1294号264頁（理事の忠実義務違反の肯定事例）

Ｘ農業協同組合（代表理事はY_1）は、理事Y_2の親族、知人Ｂの経営する株式会社等に対して合計11件、総額12億円を超える融資をし、回収不能になったため、ＸがY_1、Y_2に対して善管注意義務違反、忠実義務違反を主張し、損害賠償を請求した後、ＸがＺ農業協同組合に吸収合併されたことから、Ｚが訴訟を承継したものである。本判決は、一部の融資は農業協同組合法34条を潜脱して行った違法性の高いものであり、その余の融資は過大な担保評価を行うなどして行われたものであるとし、善管注意義務違反、忠実義務違反を認

め、請求を認容したものである。

〔裁判例50〕 東京高判平成20・4・23金判1292号14頁（取締役の忠実義務違反の肯定事例）

　前記の〔裁判例48〕最二小判平成18・4・10民集60巻4号1273頁、判時1936号27頁、金判1249号27頁の差戻控訴審判決である。本判決は、グリーンメーラーに約300億円を喝取され、1600億円余の債務の肩代わり、担保提供を余儀なくされたこと等につき善管注意義務違反、忠実義務違反を認め、原判決中、Y_2らの部分を取り消し、請求を認容したものである。

　これらの裁判例は、取締役、理事の忠実義務違反が問題になった裁判例のごく一部である。地裁、高裁、最高裁におけるさまざまな内容の判決を紹介しているが、各裁判所における判断、判断基準は必ずしも明確ではなく、予測も容易であるとはいえない（出たところの勝負であるという側面も大きい）。訴訟に至って対策を立てるよりも、理事としての行動を行う場面ごとに責任追及のリスクにも配慮しながら、さらに証拠を確保しながら、職務を遂行することが重要である。

3　善管注意義務違反に関する最近の裁判例

　次に、善管注意義務違反をめぐる裁判例を紹介するが、これも多数を数えているところであり、近年の裁判例としては次のようなものがある。

〔裁判例51〕　東京地判平成13・3・29判時1750号40頁（取締役の善管注意義務違反の否定事例）

　A株式会社は、グリーンメイラーとして著名なZに株式を買い占められ、Zが株式の買受資金として借り入れていた負債の肩代わり等をA、そのメインバンクであるB銀行に対して要求し、Aの社長らを脅迫する等し、A、BがZに300億円を融資することとし、B系列のノンバンクCからAの系列会社D、Zの関与するE会社を経由して300億円を融資し、債務の肩代わりもDにさせたが、Dが清算されたため、多額の損失が発生したことから、Aの株主XがZの破産管財人Y_1、Bから派遣された取締役Y_2らに対して株主代表訴訟を提起して損害賠償を請求したものである（Y_1に対しては、破産債権の確定を請求した）。本判決は、Y_2らが恐喝に屈したことが企業経営者の判断として著しく不合理であるとはいえないとし、Y_2らの善管注意義務違反等を否定し、Y_1に対する請求を認容したものの、Y_2らに対する請求を棄却したものである。

〔裁判例52〕　大阪地判平成13・5・28判時1768号121頁、金判1125号30頁（理事の善管注意義務違反の肯定事例）

　A信用組合は、土木建築等を業とするB株式会社等に対して土地開発プロジェクトに関して融資を行ったところ、回収が困難になり、経営破綻したAが資産をC株式会社に譲渡し、Cが吸収合併され、X株式会社になった後、XがAの理事Yらに対して、大口規制違反、不十分な審査等を理由として損害賠償を請求したものである。本判決は、一部の融資につきYらの善管注意義務違反を肯定し、請求を認容したものである。

〔裁判例53〕　東京地判平成13・7・26判時1778号138頁、金判1139号42頁（取締役の善管注意義務違反の否定事例）

　石油製品の業者間の転売取引をあっせんしていたAが昭和62年12月頃から平成7年9月頃までB株式会社との取引により多額の利益を受けていたため、Bの株主XがBの取締役Yらに対して、善管注意義務違反、従業員の監視義務違反があったと主張し、株主代表訴訟により損害賠償を請求したものである。本判決は、Aに支払われた当初の報酬は監督官庁との円滑な関係を維持するとともにその情報を収集するという利益があり、増額された後は、合理的な報酬を逸脱していたものの、取締役がこれを知った後は従来の水準に戻させた等とし、善管注意義務違反、監視義務違反等の各義務違反を否定し、請求を棄却したものである。

〔裁判例54〕　大阪地判平成13・12・5金判1139号15頁（取締役の善管注意義務違反の肯定事例）

　Yは、A株式会社の代表者であったが、Aの関連会社であるB株式会社がゴルフ場を開発していたところ、200億円の融資を実行し、約100億円の損失を計上したが、AがX株式会社に吸収合併された後、XがYに対して善管注意義務違反を理由に損害賠償を請求したものである。本判決は、善管注意義務違反を肯定し、請求を認容したものである。

〔裁判例55〕　大阪地判平成14・1・30判タ1108号248頁（取締役の善管注意義務違反の否定事例）

　ホテル事業を営むA株式会社は、関連会社を設立し、系列のホテルを開業して経営していたところ、関連会社が業績不振により赤字を計上し、多額の累積損失を抱えたため、関連会社であるB株式会社を介して継続的に運転資金を融資し、あるいは金融機関から融資を受けるに際して保証等をし、関連会社に対する債権を放棄したため、Aの株主Xら（3名）がAの取締役Yらに対して善管注意義務違反、忠実義務違反、監視義務違反、利益相反取引等を主張し、株主代表訴訟を提起して損害賠償を請求したものである。本判決は、融資、債権放棄等によって支援をすることが必要であった等とし、善管注意義務違反、忠実義務違反、監視義務違反を否定し、Aの代表取締役が関連会社の代表取締役を兼務していたとしても、債権放棄が利益相反取引に当たらない等とし、請求を棄却したものである。

〔裁判例56〕　松山地判平成14・3・15判タ1138号118頁（理事の善管注意義務違反の肯定事例）

　A漁業協同組合は、松山港港湾整備事業に伴い、B県から漁業権の消滅補償として漁業補償金7億200万円の交付を受け、臨時総会において漁業補償金の配分につき配分委員会を設置し、配分委員を選任し、配分委員会で配分案が作成、決定され、理事会において承認された後、臨時総会において配分案が決定され、組合員等に配分が実施されたため、Aの組合員Xら（合計6名）がAの元代表理事Y_1、専務理事Y_2、理事（現在の代表理事）Y_3に対して組合員としての資格を有しない者にも配分され、これが善管注意義務違反、忠実義務違反に当たると主張し、損害賠償を請求したものである。本

判決は、正組合員としての資格を有しない者に対する配分が公序良俗に違反して無効であり、理事には善管注意義務違反、忠実義務違反がある等とし、請求を認容したものである。

〔裁判例57〕 東京高判平成14・4・25判時1791号148頁、金判1149号35頁（取締役の善管注意義務違反の肯定事例・否定事例）

前記の〔裁判例53〕東京地判平成13・7・26判時1778号138頁、金判1139号42頁の控訴審判決であり、Xが控訴したものである。本判決は、一部の取締役につき善管注意義務（監視義務）違反を認め、一部の取締役に関する原判決を変更し、請求を認容し、その余の控訴を棄却したものである。

〔裁判例58〕 福井地判平成15・2・12判時1814号151頁、判タ1158号251頁（取締役の善管注意義務違反の肯定事例）

大手の建設業者であるA株式会社は、平成8年から平成12年まで、政治資金として合計約9913万円の寄附をしたため、Aの株主Xが元代表取締役Y_1（平成8年、9年分）、Y_2（平成10年ないし12年分）に対して善管注意義務違反を主張し、損害賠償を請求し、現在の代表取締役Y_3に対して政治資金の寄附の差止めを請求したものである。本判決は、Aに欠損が生じた以後の政治献金は政治資金規正法22条の4（3事業年度以上継続して欠損を生じている会社の寄附禁止に関する規定）の要件を満たさないとし、Y_2の代表取締役の時期の一部の献金につき善管注意義務違反を認め、Y_2に対する請求を一部認

容し、その余の請求を棄却したものである。

〔裁判例59〕 大阪地判平成15・3・5判時1833号146頁（取締役の善管注意義務違反の否定事例）

　同族会社であるA株式会社の代表取締役 Y_1、取締役 Y_2 らは、平成10年4月、B株式会社からの依頼により、Aの株式5万8000株を代金約11億円で取得し、平成12年5月、株主割当により新株を発行したが、その際、役員持ち株会、従業員持ち株会に特に有利な発行価額で発行したため、Aの株主XがY$_1$ないしY$_{12}$に対して株主代表訴訟により損害賠償を請求したものである。本判決は、自己株式の取得が違法であるとし、Y_1ないしY_3に対する請求を認容したものの、新株の有利発行が株主総会の特別決議を経ているとし、善管注意義務違反を否定し、その余の請求を棄却したものである。

〔裁判例60〕 東京高判平成15・3・27金判1172号2頁（取締役の善管注意義務違反の否定事例）

　前記の〔裁判例51〕東京地判平成13・3・29判時1750号40頁の控訴審判決であり、Xが控訴したものである。本判決は、Y_2らの善管注意義務違反等を否定し、控訴を棄却したものである。

〔裁判例61〕 東京地判平成15・5・12金判1172号39頁（取締役の善管注意義務違反の否定事例）

　A株式会社は、平成9年5月、B株式会社、C株式会社を設立し、AとBは、将来Cの完全子会社に移行することを計画し、平成14年

に上場することを企図していたところ、Y_1は、平成10年1月以降現在まで、Aの代表取締役に就任し、Y_2は、平成12年6月までAの代表取締役であり、同年10月までCの代表取締役であったが、Aは、平成12年9月に開催した取締役会においてCを持株会社とする持株会社移行に参加しない旨を決議し、同年10月、A、Bは、Cの臨時株主総会を開催し、Cの解散決議をしたため（全員出席総会であり、全員が賛成した）、Aの株主Xが株主代表訴訟を提起し、善管注意義務違反、忠実義務違反を主張し、Y_1、Y_2に対して損害賠償を請求したものである。本判決は、Y_2は、Cの解散決議当時取締役ではなかったとし、訴えを却下し、Y_1に対する訴訟の提起が権利の濫用に当たらないとしたものの、他の取締役らとともに議論を尽くし、Aの今後の経営戦略、成長をも踏まえ、悪影響をも考慮したうえで前記の構想から離脱することを判断したものであり、取締役の裁量の範囲内であるとし、善管注意義務違反等を否定し、請求を棄却したものである。

〔裁判例62〕 札幌地判平成15・9・16判時1842号130頁（取締役の善管注意義務違反の否定事例）

都市銀行であるA株式会社は、融資会議の議を経てリース業を営むB株式会社、旅館業等を営むC株式会社に多額の融資を行っており、Bに対する融資は、金融業を営むD株式会社に対する融資に使用される等していたところ、B、Cが経営破綻し、貸金債権の回収が不能になり、Aも経営破綻したが、Aから債権譲渡を受けたX株式会社（株式会社整理回収機構）がAの元代表取締役Y_1ないしY_6に対して善管注意義務違反、忠実義務違反を主張し、損害賠償を請求したものである。本判決は、Bに対する融資については、決裁の

前提となった事実に著しい誤りがあり、または意思決定の過程もしくは結果が不合理であったとはいいがたいとし、善管注意義務違反を否定し、Cに対する融資については損害賠償責任が消滅時効によって消滅しているとし、請求を棄却したものである。

〔裁判例63〕　大阪地判平成15・9・24判時1848号134頁（取締役の善管注意義務違反の否定事例）

　Xらは、銀行業を営むA株式会社、銀行業を営むB株式会社を子会社とする親会社であるC株式会社の株主であるところ、Cの取締役、監査役であるYらが、Aのニューヨーク支店における従業員の無断取引による損失等、Bの破綻した銀行の増資引受け等につきA、Bの各取締役らに対して責任を追及する株主代表訴訟を提起すべき善管注意義務等の義務違反を主張し、株主代表訴訟により損害賠償を請求したものである。本判決は、新株引受けは経営判断により善管注意義務違反等がない等とし、請求を棄却したものである。

〔裁判例64〕　大阪地判平成15・10・15金判1178号19頁（取締役の善管注意義務違反の否定事例）

　鉄道事業を営むA株式会社は、昭和54年1月、B府との間で、軌道の連続立体交差化事業につき覚書を締結し、鉄道工事に着手し、平成13年3月、工事を完了し、Bから合計376億円の工事負担金を受け入れたが、Aの取締役Y_1ないしY_6は、取締役会において圧縮記帳をしないで損益計算書を承認する決議をしたことから、Aの株主X_1、X_2が株主代表訴訟を提起し、圧縮記帳すべきであったのに、これをしないで損益計算書を承認し、利益配当額、中間配当額、

法人税等納付額の損害が生じたことにつき善管注意義務違反、忠実義務違反を主張し、Y_1らに対して損害賠償を請求したものである。本判決は、この会計処理にあたって複数の機関で複数回の審議が行われる等の過程を経ており、事実の認識に重要かつ不注意な誤りがあったとはいえず、意思決定の過程、内容が企業経営者として特に不合理、不適切なものであったとはいえず、取締役としての裁量の範囲を逸脱していないとし、善管注意義務違反、忠実義務違反を否定し、請求を棄却したものである。

〔裁判例65〕 東京地判平成16・5・20判時1871号125頁（取締役の善管注意義務違反の否定事例）

大手商社であるA株式会社は、米国市場における黒鉛電極事業に参入することを計画し、米メーカーの子会社の株式を譲り受けて参入し、Aの従業員等は、他のメーカーとの会議に出席する等したことから、Aが黒鉛電極のカルテルの教唆、幇助の被疑事実によって米国の連邦裁判所に起訴され、有罪の評決を受け、1億3400万ドルの罰金を支払ったため、Aの株主 X_1、X_2がAの取締役、監査役であったYらに対して善管注意義務違反、監督義務違反、法令遵守体制構築義務違反等を主張し、株主代表訴訟を提起して損害賠償を請求したものである。本判決は、Aが会社として組織的にカルテルに関与した事実が認められないとし、善管注意義務違反、監督義務違反、法令遵守体制構築義務違反を否定し、請求を棄却したものである。

〔裁判例66〕　東京高判平成16・6・24判時1875号139頁（取締役の善管注意義務違反の肯定事例）

　電子制御機器、電子計算機等の開発、売買等を業とするX_1株式会社の代表取締役Y_2（その後、辞任）、取締役Y_3（その後、退任）は、従業員を引き抜き、Y_2が代表取締役を兼任するY_1株式会社に就職させため（10名が転職した）、X_1、その代表者X_2が取締役としての善管注意義務違反、忠実義務違反を主張してY_1、Y_2らに対して損害賠償を請求したものである。第一審判決が引抜行為を否定する等し、請求を棄却したため、X_1、X_2が控訴したものである。本判決は、引抜行為を肯定する等し、原判決を変更し、X_1の請求を認容し、X_2の請求を棄却したものである。

〔裁判例67〕　東京地判平成16・7・28判タ1228号269頁、金判1239号44頁（取締役の善管注意義務違反の否定事例）

　百貨店業を営むA株式会社は、B株式会社（メインバンクは、C株式会社）とゴルフ場の土地買収、造成等につき覚書を締結し、Aの子会社であるD株式会社がBに500億円余の貸付けをする等したが、ゴルフ場の開発が頓挫し、Bの経営が悪化し、Aは、巨額の引当てを余儀なくされたため、Aの株主XがAの取締役Y_1ないしY_{10}に対して、AがBの代表取締役E、Cに対する損害賠償請求等の回収を行わなかったことが善管注意義務に違反すると主張し、損害賠償を請求したものである。本判決は、AのEらに対する債権回収が確実であったとはいえず、勝訴の高度の蓋然性があったとは認められない等とし、善管注意義務違反を否定し、請求を棄却したものである。

〔裁判例68〕　東京地判平成16・12・16判時1888号3頁、判タ1174号150頁、金判1216号19頁（取締役の善管注意義務違反の肯定事例・否定事例、監査役の善管注意義務違反の否定事例）

　乳酸菌飲料の製造、販売を業とするA株式会社の取締役副社長Y_{10}が平成3年10月から平成10年3月までの間にわたりディリバティブ取引を行い、平成10年3月期に特別損失を計上し、533億円余の損失を被ったため、Aの株主X_1、X_2らが定款違反、善管注意義務違反、忠実義務違反、監視義務違反等を主張し、Y_{10}のほか、取締役Y_1、Y_2ら、監査役Y_9、Y_{11}に対して株主代表訴訟を提起し、損害賠償を請求したものである。本判決は、ディリバティブ取引が定款、法令に違反するものではなく、リスクの管理体制がとられていた等とし、Y_{10}を除くYらの責任を否定し、Y_{10}については、リスク管理体制で定めた想定元本の限度枠を超える取引を行ったことにつき善管注意義務違反を認め、Y_{10}に対する請求を認容し、その余のYらに対する請求を棄却したものである。

〔裁判例69〕　東京高判平成16・12・21判タ1208号290頁（取締役の善管注意義務違反の否定事例）

　前記の〔裁判例67〕東京地判平成16・7・28判タ1228号269頁、金判1239号44頁の控訴審判決であり、Xが控訴したものである。本判決は、原判決を引用し、控訴を棄却したものである。

〔裁判例70〕　大阪地判平成16・12・22判時1892号108頁（取締役の善管注意義務違反の肯定事例・否定事例、監査役の善管注意義務違反の否定事例）

　環境衛生・清掃用資材等の製造、販売等を業とするA株式会社は、ドーナッツ等の食品を販売するフランチャイズ店を経営していたところ、食品衛生法上使用が認可されていない食品添加物を含む肉まんを平成12年5月から同年12月まで1314万個販売したが（AのB事業部が担当し、C株式会社に製造を委託し、Cの系列会社の中国工場で製造された肉まんを輸入していたが、発覚後、口止め料も支払われていた）、保健所に匿名通報されたことによって発覚し、B事業部の担当取締役であったY_1、Y_2は混入の事実を認識したものの、販売禁止等の措置をとらず、販売継続する一方、保険所の立入り検査を受け、D府から肉まんの仕入れ、販売禁止の処分を受け、食品衛生法違反で罰金20万円の略式命令を受ける等したため、Aの株主Xが株主代表訴訟を提起し、Y_1、Y_2のほか、取締役Y_3ら、監査役Y_4らに対して善管注意義務違反を主張し、加盟店営業補償費、キャンペーン関連費用等の損害賠償を請求したものである。本判決は、Y_1の善管注意義務違反を認めたものの、Y_2らの責任を否定し、Y_1に対する請求を認容し、Y_2らに対する請求を棄却したものである。

〔裁判例71〕　大阪地判平成17・2・9判時1889号130頁、判タ1174号292頁（取締役の善管注意義務違反の肯定事例）

　前記の〔裁判例70〕大阪地判平成16・12・22判時1892号108頁の関連事件であり、A株式会社のB事業部の担当取締役であったY_1、

Y_2は混入の事実を認識したものの、販売禁止等の措置をとらず、販売継続する一方、保険所の立入り検査を受け、D府から肉まんの仕入れ、販売禁止の処分を受け、食品衛生法違反で罰金20万円の略式命令を受ける等したため、Aの株主Xが株主代表訴訟を提起し、Y_1、Y_2に対して善管注意義務違反を主張し、加盟店営業補償費、キャンペーン関連費用等の損害賠償を請求したものである。本判決は、取締役としての善管注意義務違反を認め、請求を認容したものである。

〔裁判例72〕 東京地判平成17・3・3判タ1256号179頁（取締役の善管注意義務違反の否定事例）

割賦販売あっせん等を業とするA株式会社は、リース業を営むB株式会社の筆頭株主（発行済株式総数の8.88％を保有）であり、Bが経営不振になり、Bの取引金融機関等から支援を受け、3度にわたり再建計画を策定し、実行したが、再建に至らず、東京地裁に特別清算手続開始の申立てをすることになり、その直前にAの取締役会が610億円の支援金を支出する決議を行い、開始決定がされた後、支援金を支出したため、Aの株主XがAの取締役Yら（合計14名）に対して善管注意義務違反、忠実義務違反、株主に対する利益供与の禁止違反に当たる等とし、株主代表訴訟を提起し、損害賠償を請求したものである。本判決は、支援金の支出の合理性、事実の認識、判断の合理性等を考慮し、明らかに不合理であるとはいえず、取締役の裁量を超えたとはいえないとし、善管注意義務違反、忠実義務違反等を否定し、請求を棄却したものである。

〔裁判例73〕 東京地判平成17・3・10判タ1228号280頁、金判1239号56頁（取締役の善管注意義務違反の否定事例）

　前記の〔裁判例67〕東京地判平成16・7・28判タ1228号269頁、金判1239号44頁の関連事件であり、前訴が平成14年5月の時点の取締役を被告としたものであるが、本訴は、平成16年5月の時点のAの取締役であるY_1ないしY_{14}に対してXが同様な主張をし、株主代表訴訟を提起したものである。本判決は、前訴と同一の取締役につき訴訟の提起が信義則に違反するとし、訴えを却下し、その余の取締役につき善管注意義務違反を否定し、請求を棄却したものである。

〔裁判例74〕 東京地判平成17・6・14判時1921号136頁（取締役の善管注意義務違反の肯定事例）

　百貨店事業を行うX株式会社の代表取締役Y_1は、長年グループ会社を経営していたところ、集塵・脱臭機械等の製造、販売を業とするA株式会社を設立し、Aが経営不振になったことから、売買を仮装して融資を行い、回収不能になったが、Xにつき民事再生手続が開始され、Y_1のほか、代表取締役Bの善管注意義務違反、忠実義務違反を理由とする損害賠償査定決定がされたため（東京地決平成12・12・8金判1111号40頁）、Y_1らが異議を申し立てたものである（Bが死亡し、相続財産Y_2が権利・義務を承継した）。本判決は、代表取締役等の善管注意義務違反、忠実義務違反を認め、査定決定を認可したものである。

〔裁判例75〕 名古屋高金沢支判平成18・1・11判時1937号143頁（取締役の善管注意義務違反の否定事例）

　前記の〔裁判例58〕福井地判平成15・2・12判時1814号151頁、判タ1158号251頁の控訴審判決であり、X、Y_2が控訴したものである。本判決は、合理的な範囲を超えた不相当な政治献金ではなく、善管注意義務違反があったということはできないとし、Y_2の控訴に基づきY_2の敗訴部分を取り消し、Xの請求を棄却し、Xの控訴を棄却したものである。

〔裁判例76〕 札幌高判平成18・3・2判時1946号128頁（取締役の善管注意義務違反の肯定事例）

　前記の〔裁判例62〕札幌地判平成15・9・16判時1842号130頁の控訴審判決であり、Xが控訴したものである。本判決は、Bに対する融資については、実質的に破綻していたにもかかわらず、無担保、担保不足のまま融資を決裁したとし、Bの融資に関与したY_1ないしY_4の善管注意義務違反を認め、原判決を変更し、Y_1ないしY_4に対する請求を認容し、Y_5、Y_6に対する請求を棄却したものである。

〔裁判例77〕 最二小判平成18・4・10民集60巻4号1273頁、判時1936号27頁、判タ1214号82頁、金判1249号27頁（取締役の善管注意義務違反の肯定事例）

　前記の〔裁判例60〕東京高判平成15・3・27金判1172号2頁の上告審判決であり、Xが上告受理を申し立てたものである。本判決は、Y_2らの善管注意義務違反等が認められる等とし、原判決を破棄し、

本件を東京高裁に差し戻したものである。

〔裁判例78〕 東京地判平成18・4・13判タ1226号192頁（取締役の善管注意義務違反の否定事例）

　A株式会社の経営権をめぐってB株式会社とC株式会社との間で紛争が生じ、Cが株式の公開買付けを行った際、電力事業を行うD株式会社が保有するAの株式の売却に応募し、売却したため、Dの株主X_1、X_2がDの取締役Yら（合計17名）に対して市場価格が買付価格を上回っていたにもかかわらず、応募を撤回しなかったことが善管注意義務等に違反すると主張し、株主代表訴訟により損害賠償を請求したものである。本判決は、経営者の判断として公開買付けに応じたことが著しく不合理とはいえないとし、善管注意義務違反を否定し、請求を棄却したものである。

〔裁判例79〕 大阪地判平成18・4・17判時1980号85頁（取締役の善管注意義務違反の否定事例）

　A（昭和15年生）は、袋物鞄の卸販売を業とするY_1株式会社（Y_2が代表取締役）に入社し、平成12年8月当時、専務取締役であったが、担当地域の販売会社を訪問し、注文を獲得し、出荷すること等の業務に従事していたところ、出張先のホテルのベッドで急性循環不全により死亡したため、Aの相続人である妻X_1、子X_2、X_3がY_1に対して安全配慮義務違反、Y_2に対して善管注意義務違反を主張し、損害賠償を請求したものである。本判決は、各義務違反を否定し、請求を棄却したものである。

〔裁判例80〕　大阪高判平成18・6・9判時1979号115頁（取締
　　　　　　役・監査役の善管注意義務違反の肯定事例）

　前記の〔裁判例70〕大阪地判平成16・12・22判時1892号108頁の控訴審判決であり、X、Y_1が控訴したものである。本判決は、担当取締役等の善管注意義務違反を認めたうえ、代表取締役社長については、販売継続を知った時点で早期に適切な措置をとり、損害回避に向けた対応策を積極的に検討することを怠った善管注意義務違反があり、その余の取締役等は取締役会において事実を積極的に公表しないとしたことにつき善管注意義務違反を認め、監査役については取締役等の任務懈怠に対する監査を怠ったとし、Xの控訴に基づき原判決を変更し、請求を認容し、Y_1の控訴を棄却したものである。

〔裁判例81〕　大阪高判平成19・1・18判時1973号135頁（取締
　　　　　　役の善管注意義務違反の肯定事例）

　前記の〔裁判例71〕大阪地判平成17・2・9判時1889号130頁、判タ1174号292頁の控訴審判決であり、Y_1らが控訴したものである。本判決は、肉まんの原材料に無認可の食品添加物が混入していることが明らかになった後、関係当局への通報、事実の公表、情報提供等の措置をとるなどの会社の信用失墜の防止、消費者の信用回復のために努力すべき善管注意義務に違反したとし、原判決を変更し、請求を認容したものである。

〔裁判例82〕　大阪高判平成19・3・15判タ1239号294頁（取締
　　　　　　役の善管注意義務違反の否定事例）

　A株式会社は、加盟店等による株式保有を経営方針とし、株主が

換価の必要が生じたときは、グループ内の企業に株式を買い取らせ、適時に自己株式として取得し、毎会計期の直前に次期における1株当たりの取得価格（基準株価）を取締役会で決定するような運用をしていたところ、肉まん事件の発覚した会計期については発覚前に1株当たりの純資産額を上回る基準株価8850円を取締役会で決定したが、関連会社からの100万株の取得等につきこの価格を適用したため、Aの株主Xが純資産額を上回る価額で取得することを取締役会で決議したことが善管注意義務違反、忠実義務違反に当たると主張し、Aの取締役Y_1ないしY_9に対して株主代表訴訟を提起して損害賠償を請求したものである。第一審判決は善管注意義務違反等を否定し、請求を棄却したため、Xが控訴したものである。本判決は、非上場会社の株式算定については純資産方式が絶対的ではなく、さまざまな評価方法が採用されているところ、本件では肉まん事件は単発的な事件であり、前記の価格を決議したことが直ちに不相当であるとはいえないとし、善管注意義務違反等を否定し、控訴を棄却したものである。

〔裁判例83〕　盛岡地判平成19・7・27判夕1294号264頁（理事の善管注意義務違反の肯定事例）

　X農業協同組合（代表理事はY_1）は、理事Y_2の親族、知人Bの経営する株式会社等に対して合計11件、総額12億円を超える融資をし、回収不能になったため、XがY_1、Y_2に対して善管注意義務違反、忠実義務違反を主張し、損害賠償を請求した後、XがZ農業協同組合に吸収合併されたことから、Zが訴訟を承継したものである。本判決は、一部の融資は農業協同組合法34条を潜脱して行った違法性の高いものであり、その余の融資は過大な担保評価を行うなどし

て行われたものであるとし、善管注意義務違反、忠実義務違反を認め、請求を認容したものである。

〔裁判例84〕 東京高判平成20・4・23金判1292号14頁（取締役の善管注意義務違反の肯定事例）

　前記の〔裁判例77〕最二小判平成18・4・10民集60巻4号1273頁、判時1936号27頁、判タ1214号82頁、金判1249号27頁の差戻控訴審判決である。本判決は、グリーンメーラーに約300億円を喝取され、1600億円余の債務の肩代わり、担保提供を余儀なくされたこと等につき善管注意義務違反、忠実義務違反を認め、原判決中、Y_2らの部分を取り消し、請求を認容したものである。

〔裁判例85〕 東京高判平成20・5・21判タ1281号274頁、金判1293号12頁（取締役の善管注意義務違反の肯定事例）

　前記の〔裁判例68〕東京地判平成16・12・16判時1888号3頁、判タ1174号150頁、金判1216号19頁の控訴審判決であり、X_1らが控訴したものである。本判決は、定款違反、商法260条2項違反を否定し、リスク管理体制を構築、運用している状況で担当取締役、監査役の監視義務違反を否定し、担当取締役の善管注意義務違反を肯定し、控訴を棄却したものである。

> 〔裁判例86〕　東京地判平成20・12・15判タ1307号283頁（取締役の善管注意義務違反の肯定事例）
>
> 　X株式会社は、都内の土地、建物を所有し、Y_1株式会社に土地、建物を賃貸していたが、賃貸借契約を解除し、土地、建物の明渡し、賃料相当損害金の支払いを請求する訴訟を提起し、勝訴判決を得て確定したところ、Y_1が土地、建物のうち第三者に転貸している部分を除き明け渡したものの、賃料相当損害金を支払う資力がなかったことから、XがY_1に対して前記解除後の適正賃料額が前訴判決を上回るとし、賃料相当損害金の支払いを、Y_1の取締役Y_2に対して善管注意義務違反等を主張し、損害賠償等を、Y_2の代表取締役Y_3、取締役Y_4、Y_5（いずれもY_2の家族）に対して監視義務違反等を主張し、損害賠償を請求したものである。本判決は、Y_2は、善管注意義務ないし忠実義務により土地、建物を明け渡すか、賃料相当損害金等の負担による損害が発生することを防止するための措置を迅速に講ずる義務を負っていたところ、Y_1に占有を続けさせていたことが義務違反に当たるとし、Y_3ないしY_5はY_2の業務執行を監視すべき義務違反があった等とし、請求を認容したものである。

　善管注意義務は、実に広範な内容の義務を含むものであり、理事、監事の義務違反を追及しようとすると、利用しやすい類型の義務であるうえ、個々の事案に応じて柔軟な内容の義務を想定することができるという特徴がある。善管注意義務違反は、善管注意義務の内容が広範なものであるからといって、容易に認められるものではないが、理事等の損害賠償責任を追及するにあたって一応の法的な根拠を提供することに注意が必要である（理事等にとって敗訴のリスクは別として、善管注意義務があることによって訴訟が提起されるリスクは高くなっている）。

忠実義務違反、善管注意義務違反等が主張され、取締役の義務の不履行・不完全な履行、権限の不正な行使・不行使が問題になった場合には、取締役の経営上の判断が将来の予測困難なものであること、経営に係る事実関係の認識、判断についてはそれ自体裁量が必要であること、取締役が遂行する会社の経営上の判断は冒険的な側面があること等に照らし、相当に広い裁量を認め、事実関係の認識、議論、判断が著しく不合理でない限り、忠実義務違反、善管注意義務違反を認めるべきではないとの法理（経営判断の原則と呼ばれることがある）が裁判例によって形成されているということができる（取締役の裁量は法令違反の場合とか、取締役と会社との利害が対立する場合とかには認められるべきではない等の議論がある）。また、一般社団法人、一般財団法人の理事についても、経営の対象は、取締役の場合のような営利法人ではないものの、法人の経営に伴う裁量が認められるべきことは当然であり、程度の差、内容が異なるものの、法人の経営上の裁量を認めることが合理的である。

　従来の取締役の損害賠償責任に関する判例、裁判例においては、まず、最一小判平成22・7・15（判時2091号90頁）が「前記事実関係によれば、本件取引は、ASMをASLに合併して不動産賃貸管理等の事業を担わせるという参加人のグループの事業再編計画の一環として、ASMを参加人の完全子会社とする目的で行われたものであるところ、このような事業再編計画の策定は、完全子会社とすることのメリットの評価を含め、将来予測にわたる経営上の専門的判断にゆだねられていると解される。そして、この場合における株式取得の方法や価格についても、取締役において、株式の評価額のほか、取得の必要性、参加人の財務上の負担、株式の取得を円滑に進める必要性の程度等をも総合考慮して決定することができ、その決定の過程、内容に著しく不合理な点がない限り、取締役としての善管注意義務に違反するものではないと解すべきである。

　以上の見地からすると、参加人がASMの株式を任意の合意に基づい

て買い取ることは、円滑に株式取得を進める方法として合理性があるというべきであるし、その買取価格についても、ASMの設立から5年が経過しているにすぎないことからすれば、払込金額である5万円を基準とすることには、一般的にみて相応の合理性がないわけではなく、参加人以外のASMの株主には参加人が事業の遂行上重要であると考えていた加盟店等が含まれており、買取りを円満に進めてそれらの加盟店等との友好関係を維持することが今後における参加人及びその傘下のグループ企業各社の事業遂行のために有益であったことや、非上場株式であるASMの株式の評価額には相当の幅があり、事業再編の効果によるASMの企業価値の増加も期待できたことからすれば、株式交換に備えて算定されたASMの株式の評価額や実際の交換比率が前記のようなものであったとしても、買取価格を1株当たり5万円と決定したことが著しく不合理であるとはいいがたい。そして、本件決定に至る過程においては、参加人およびその傘下のグループ企業各社の全般的な経営方針等を協議する機関である経営会議において検討され、弁護士の意見も聴取されるなどの手続が履践されているのであって、その決定過程にも、何ら不合理な点は見当たらない。

　以上によれば、本件決定についての上告人らの判断は、参加人の取締役の判断として著しく不合理なものということはできないから、上告人らが、参加人の取締役としての善管注意義務に違反したということはできない」と判示していることが参考になる。

　経営上の判断（裁量）を考慮して取締役の損害賠償責任を否定した裁判例として、以下のものが参考になる。

　① 福岡高判昭和55・10・8高民集33巻4号341頁
　② 東京地判平成5・9・16判時1469号25頁
　③ 名古屋地判平成9・1・20判時1600号144頁
　④ 東京高判平成14・4・25判時1791号148頁

⑤　東京地判平成14・7・18判時1794号131頁

⑥　水戸地下妻支判平成15・2・5判時1816号141頁

⑦　東京地判平成15・5・12金判1172号39頁

⑧　大阪地判平成15・9・24判時1848号134頁

⑨　東京地判平成16・3・25判時1851号21頁

⑩　東京地判平成16・7・28金法1759号62頁

⑪　東京地判平成16・9・28判時1886号112頁

⑫　横浜地判平成16・10・15判時1876号91頁

⑬　東京地判平成17・3・3判時1934号121頁

⑭　東京地判平成17・3・10判タ1228号280頁

⑮　東京地判平成18・4・13判タ1226号192頁

⑯　東京地判平成18・11・9判タ1239号309頁

⑰　大阪高判平成19・3・15判タ1239号294頁

⑱　東京地判平成19・9・27判時1986号146頁

他方、経営上の判断を考慮して取締役の損害賠償責任を肯定した裁判例としては、以下のものがある。

①　東京地判平成5・9・21判時1480号154頁

②　東京地判平成7・10・26判時1549号125頁

③　福岡地判平成8・1・30判タ944号247頁

④　東京地判平成13・11・5判時1779号108頁

⑤　大阪地判平成13・12・5金判1139号15頁

⑥　東京地判平成14・4・25判時1793号140頁

⑦　札幌地判平成14・9・3判時1801号119頁

⑧　東京地判平成14・10・31判時1810号110頁

⑨　東京地判平成16・3・26判時1863号128頁

⑩　札幌地判平成16・3・26判タ1158号196頁

⑪　大阪地判平成16・7・28判タ1167号208頁

⑫　札幌高判平成18・3・2判時1946号128頁
⑬　最二小判平成18・4・10民集60巻4号1273頁
⑭　大阪高判平成18・6・9判タ1214号115頁
⑮　東京高判平成20・5・21判タ1281号274頁
⑯　東京高判平成20・10・29金判1304号28頁
⑰　東京地判平成22・6・30判時2097号144頁

XI　取締役の監視義務違反に関する最近の裁判例

　取締役であっても、代表取締役、業務担当取締役以外の取締役にとっては、取締役会の構成員として議題を審議し、判断することにつき善管注意義務等の義務を負うほか、代表取締役、業務担当取締役の業務執行につき監視義務を負うものであると解されている。実際にも、取締役の監視義務違反が問われた裁判例も散見されるところであるが、理事にとっても同様な監視義務違反が問題になることがある。取締役の監視義務違反をめぐる裁判例も紹介しておきたい。

〔裁判例87〕　東京地判平成7・10・26判時1549号125頁、判タ902号189頁（取締役の監視義務違反の肯定事例）

　X株式会社は、A株式会社の株主であり、B会社に対して融資を継続し、保証等を行ったところ、Bが破産宣告を受け、貸金が回収不能になる等したため、XがAの取締役Yらに対して代表訴訟により損害賠償を請求したものである。本判決は、貸金の一部につき善管注意義務、忠実義務、監視義務違反を肯定し、請求を認容したものである。

XI　取締役の監視義務違反に関する最近の裁判例

〔裁判例88〕　神戸地尼崎支判平成7・11・17判時1563号140頁、判夕901号233頁（取締役の監視義務違反の肯定事例）

　Y_1は、自動車教習所を経営するA会社、その関連会社で不動産業を営むB会社の代表取締役を兼務していたが、B会社が経営不振になり、A会社において、取締役会の承諾決議を経て（取締役のうち、Y_1のほか、Y_2ないしY_4が決議に賛成した）、B会社の売れ残った不動産を代金5億9740万円で購入する売買契約を締結し（後に、この価格は、4億575万5000円と評価された）、Aの株主X_1、X_2（X_2は、取締役であったが、決議に欠席した）が代表訴訟を提起し、Yらに対して損害賠償を請求したものである（なお、Y_5は、取締役会の決議において議長を務め、賛成しなかった）。本判決は、商法266条1項4号により購入価格と時価との差額が損害であると認め、利益相反取引による損害賠償責任を肯定し、決議に賛成しなかった取締役は監視義務違反があったとし、損害賠償責任を肯定し、請求を認容したものである。

〔裁判例89〕　東京地判平成13・1・18判時1758号143頁、金判1119号43頁（取締役・監査役の監視義務違反の否定事例）

　A株式会社の取締役副社長Bが数年間にわたりディリバティブ取引を行い、総額1000億円余の損失が生じたため、Aの株主XがAの取締役、監査役Yら全員に対して株主代表訴訟により損害賠償を請求したものである。本判決は、取締役である者がディリバティブ取引に関与していないし、リスク管理体制を運用してきたものであり、XがAの作成にかかる調査報告書をほとんど唯一の証拠として提出

141

したにすぎであり、業務監視義務に違反した事実関係を具体的に主張、立証していないとし、請求を棄却したものである（実際に取引に関与した取締役に対する弁論は、分離されている）。

〔裁判例90〕　東京地判平成13・7・26判時1778号138頁、金判1139号42頁（取締役の監視義務違反の否定事例）

　石油製品の業者間の転売取引をあっせんしていたAが昭和62年12月頃から平成7年9月頃までB株式会社との取引により多額の利益を受けていたため、Bの株主XがBの取締役Yらに対して、善管注意義務違反、従業員の監視義務違反があったと主張し、株主代表訴訟により損害賠償を請求したものである。本判決は、Aに支払われた当初の報酬は監督官庁との円滑な関係を維持するとともにその情報を収集するという利益があり、増額された後は、合理的な報酬を逸脱していたものの、取締役がこれを知った後は従来の水準に戻させた等とし、善管注意義務違反、監視義務違反等の各義務違反を否定し、請求を棄却したものである。

〔裁判例91〕　大阪地判平成14・1・30判タ1108号248頁（取締役の監視義務違反の否定事例）

　ホテル事業を営むA株式会社は、関連会社を設立し、系列のホテルを開業して経営していたところ、関連会社が業績不振により赤字を計上し、多額の累積損失を抱えたため、関連会社であるB株式会社を介して継続的に運転資金を融資し、あるいは金融機関から融資を受けるに際して保証等をし、関連会社に対する債権を放棄したため、Aの株主Xら（3名）がAの取締役Yらに対して善管注意義務

違反、忠実義務違反、監視義務違反、利益相反取引等を主張し、株主代表訴訟を提起して損害賠償を請求したものである。本判決は、融資、債権放棄等によって支援をすることが必要であった等とし、善管注意義務違反、忠実義務違反、監視義務違反を否定し、Aの代表取締役が関連会社の代表取締役を兼務していたとしても、債権放棄が利益相反取引に当たらない等とし、請求を棄却したものである。

〔裁判例92〕 東京高判平成14・4・25判時1791号148頁、金判1149号35頁（取締役の監視義務違反の肯定事例・否定事例）

　前記の〔裁判例90〕東京地判平成13・7・26判時1778号138頁、金判1139号42頁の控訴審判決であり、Xが控訴したものである。本判決は、一部の取締役につき善管注意義務（監視義務）違反を認め、一部の取締役に関する原判決を変更し、請求を認容し、その余の控訴を棄却したものである。

〔裁判例93〕 東京地判平成16・5・20判時1871号125頁（取締役・監査役の監督義務違反の否定事例）

　大手商社であるA株式会社は、米国市場における黒鉛電極事業に参入することを計画し、米国メーカーの子会社の株式を譲り受けて参入し、Aの従業員等は、他のメーカーとの会議に出席する等したことから、Aが黒鉛電極のカルテルの教唆、幇助の被疑事実によって米国の連邦裁判所に起訴され、有罪の評決を受け、1億3400万ドルの罰金を支払ったため、Aの株主X_1、X_2がAの取締役、監査役であったYらに対して善管注意義務違反、監督義務違反、法令遵守

体制構築義務違反等を主張し、株主代表訴訟を提起して損害賠償を請求したものである。本判決は、Aが会社として組織的にカルテルに関与した事実が認められないとし、善管注意義務違反、監督義務違反、法令遵守体制構築義務違反を否定し、請求を棄却したものである。

〔裁判例94〕　東京地判平成20・12・15判タ1307号283頁（取締役の監視義務違反の肯定事例）

X株式会社は、都内の土地、建物を所有し、Y_1株式会社に土地、建物を賃貸していたが、賃貸借契約を解除し、土地、建物の明渡し、賃料相当損害金の支払を請求する訴訟を提起し、勝訴判決を得て確定したところ、Y_1が土地、建物のうち第三者に転貸している部分を除き明け渡したものの、賃料相当損害金を支払う資力がなかったことから、XがY_1に対して前記解除後の適正賃料額が前訴判決を上回るとし、賃料相当損害金の支払いを、Y_1の取締役Y_2に対して善管注意義務違反等を主張し、損害賠償等を、Y_2の代表取締役Y_3、取締役Y_4、Y_5（いずれもY_2の家族）に対して監視義務違反等を主張し、損害賠償を請求したものである。本判決は、Y_2は、善管注意義務ないし忠実義務により土地、建物を明け渡すか、賃料相当損害金等の負担による損害が発生することを防止するための措置を迅速に講ずる義務を負っていたところ、Y_1に占有を続けさせていたことが義務違反に当たるとし、Y_3ないしY_5はY_2の業務執行を監視すべき義務違反があった等とし、請求を認容したものである。

〔裁判例95〕 新潟地判平成21・12・1判時2100号153頁（取締役の監視義務違反の肯定事例）

建築業を営むX株式会社は、A有限会社（特例有限会社）がB株式会社から請け負った建物新築工事等の各一部につき下請契約を締結し、下請工事を完成させたが、Aにつき破産手続開始決定を受け、工事代金の回収が不可能になったため、XがAの取締役Yに対して自らの任務懈怠、監視義務違反の任務懈怠を主張し、有限会社法30条ノ3に基づき損害賠償を請求したものである（なお、Xは、他の取締役、監査役に対しても訴訟を提起し、訴訟上の和解をしている）。本判決は、Yの自らの職務遂行の任務懈怠を否定したが、監視義務違反の任務懈怠を肯定し、請求を認容したものである。

取締役の監視義務違反を認めた裁判例は多くはないが、代表取締役等の不正な業務執行の内容、取締役の監視の実態等の事情によってはこれが認められる場合がある。理事についても、代表理事、業務執行理事の不正な業務執行につき監視の実態等の事情によっては監視義務違反が問われ、監視の懈怠が認められると、監視義務違反による損害賠償責任が肯定されることもある。

XII 法令遵守体制、内部統制体制構築義務違反に関する最近の裁判例

理事、監事にとっては、理事の不正な業務執行の監視のほか、従業員の不正な事務処理、不正行為の監督も重要であるが、個々の従業員の行為につき監督することは事実上できない。一般社団法人、一般財団法人において法令遵守の体制、内部統制組織を構築し、業務執行理事が適切

に運用することによって従業員の不正を防止することが最も現実的で実効的である（法人法76条2項3号・4項、90条4項5号・5項、197条）。株式会社の経営、事業の遂行においても、同様な体制の構築、運用が問題にされてきたものであり、いくつかの裁判例が公表されている。

〔裁判例96〕　東京地判平成11・3・4判夕1017号215頁（取締役の指導監督義務違反の否定事例）

　Xは、A株式会社の株主であるが、Aにおいて、一部の支店等で架空、水増し発注により裏金（総額約6000万円）をつくっていたことが発覚し、税務当局により更正決定を受け、追徴課税されたため、Xが業務監視を行うべき注意義務の懈怠を主張し、Aの代表取締役Y_1、Y_2に対して株主代表訴訟により損害賠償を請求したものである。本判決は、Aの指導監督体制は適切である等とし、従業員に対する指導監督義務の違反を否定し、請求を棄却したものである。

〔裁判例97〕　大阪地判平成12・9・20判時1721号3頁（取締役・監査役のリスク管理体制構築義務違反の肯定事例・否定事例）

　Bは、銀行業を営むA株式会社から認可された300万ドルの取引限度枠内で米国の財務省証券の取引を行う等の証券業務を担当していたところ、昭和59年頃約20万ドルの含み損を抱えたことから、これを取り戻そうとし、以後、平成7年までの長期間、A銀行に無断で、簿外において米国の財務省証券の取引を行い、損失を拡大させる等したため、Aの株主X等は、合計49名の現在または元の取締役、監査役Yらに対して株主代表訴訟を提起し、損失を最小限にとどめるための管理体制（内部統制システム）を構築すべき善管注意義務、

忠実義務違反等を主張し、Aの被った損失11億ドル等の損害賠償を請求したものである。本判決は、事件当時の取締役の1名につき、X等の提訴請求の当時には監査役に選任され、同人に対して提訴請求を行ったことが手続上重大な瑕疵があったとし、一部の訴えを却下したが、Aは各種のリスクを正確に把握し、適切に制御すること、会社が営む事業の規模、特性等に応じたリスク管理体制（いわゆる内部統制システム）を整備することを要する等とし、取締役は、取締役会の構成員として、また、代表取締役または業務担当取締役として、リスク管理体制を構築すべき義務を負い、さらに、代表取締役および業務担当取締役がリスク管理体制を構築すべき義務を履行しているか否かを監視する義務を負うとしたうえ、元ニューヨーク支店長であった担当取締役、当時のニューヨーク支店長であった担当取締役が任務懈怠の責任を負うとし、代表取締役を含め他の取締役、1名を除き監査役の任務懈怠の責任を否定し、請求を一部認容したものである。

〔裁判例98〕 東京地判平成16・5・20判時1871号125頁（取締役・監査役の法令遵守体制構築義務違反の否定事例）

大手商社であるA株式会社は、米国市場における黒鉛電極事業に参入することを計画し、米国メーカーの子会社の株式を譲り受けて参入し、Aの従業員等は、他のメーカーとの会議に出席する等したことから、Aが黒鉛電極のカルテルの教唆、幇助の被疑事実によって米国の連邦裁判所に起訴され、有罪の評決を受け、1億3400万ドルの罰金を支払ったため、Aの株主X_1、X_2がAの取締役、監査役であったYらに対して善管注意義務違反、監督義務違反、法令遵守

体制構築義務違反等を主張し、株主代表訴訟を提起して損害賠償を請求したものである。本判決は、Aが会社として組織的にカルテルに関与した事実が認められないとし、善管注意義務違反、監督義務違反、法令遵守体制構築義務違反を否定し、請求を棄却したものである。

〔裁判例99〕 東京地判平成16・12・16判時1888号3頁、判タ1174号150頁、金判1216号19頁（取締役・監査役のリスク管理体制構築義務違反の否定事例）

　乳酸菌飲料の製造、販売を業とするA株式会社の取締役副社長Y_{10}が平成3年10月から平成10年3月までの間にわたりディリバティブ取引を行い、平成10年3月期に特別損失を計上し、533億円余の損失を被ったため、Aの株主X_1、X_2らが定款違反、善管注意義務違反、忠実義務違反、監視義務違反等を主張し、Y_{10}のほか、取締役Y_1、Y_2ら、監査役Y_9、Y_{11}に対して株主代表訴訟を提起し、損害賠償を請求したものである。本判決は、ディリバティブ取引が定款、法令に違反するものではなく、リスクの管理体制がとられていた等とし、Y_{10}を除くYらの責任を否定し、Y_{10}については、リスク管理体制で定めた想定元本の限度枠を超える取引を行ったことにつき善管注意義務違反を認め、Y_{10}に対する請求を認容し、その余のYらに対する請求を棄却したものである。

〔裁判例100〕 東京地判平成19・11・26判時1998号141頁（取締役のリスク管理体制構築義務違反の肯定事例）

　ソフトウェアの開発等を業とするY株式会社は、ソフト事業部とパッケージ事業部に分けて事業を行っていたところ、パッケージ事

業本部のA事業部の担当従業員等が営業成績を上げる目的で偽造印を利用して販売会社名義の注文書を偽造する等して架空の売上げを計上したが、Yの財務部も売掛債権の存在に疑念を抱かず、監査法人も適正意見を表明していたところ、不正行為が発覚し、Yが事実を公表し、株価が下落したため、Yの株主XがYの代表取締役Bが不正行為の防止のためのリスク管理体制構築義務違反があったと主張し、Yに対して会社法350条に基づき損害賠償を請求したものである。本判決は、Bがリスク管理体制の構築義務を怠った過失があった等とし、請求を認容したものである。

〔裁判例101〕 東京高判平成20・5・21判タ1281号274頁、金判1293号12頁（取締役・監査役のリスク管理体制構築義務違反の否定事例）

前記の〔裁判例99〕東京地判平成16・12・16判時1888号3頁、判タ1174号150頁、金判1216号19頁の控訴審判決であり、X_1らが控訴したものである。本判決は、定款違反、商法260条2項違反を否定し、リスク管理体制を構築、運用している状況で担当取締役、監査役の監視義務違反を否定し、担当取締役の善管注意義務違反を肯定し、控訴を棄却したものである。

〔裁判例102〕 最一小判平成21・7・9判時2055号147頁（取締役のリスク管理体制構築義務違反の否定事例）

前記の〔裁判例100〕東京地判平成19・11・26判時1998号141頁の上告審判決であり（控訴審判決の詳細は不明であるが、Yの損害賠償責任を肯定した）、Yが上告受理を申し立てたものである。本判決は、

> Yには、通常想定される架空売上げの計上等の不正行為を防止し得る程度の管理体制を整えており、従業員による架空売上げの計上は通常容易に想定しがたい巧妙な方法によるものであった等とし、リスク管理体制の構築義務違反を否定し、原判決を破棄し、第一審判決中Yの敗訴部分を取り消し、請求を棄却したものである。

XⅢ　法令違反に関する裁判例

　一般社団法人、一般財団法人が事業を遂行するにあたっては、法人法を遵守するだけでなく、事業の遂行に関係するさまざまな法令を遵守することが必要である。一般社団法人、一般財団法人の事業の内容が単純であり、範囲が狭く、規模が小さいような場合には、遵守すべき法令の数も少なく、その遵守が困難ではないかもしれない。しかし、事業の内容が単純ではなく、範囲も広く、相当規模の事業を展開しているような場合には、関係する法令も複数を数え、一般社団法人、一般財団法人の事業遂行の全部、事務処理の全般にわたって完全に遵守することは容易ではない。

　一般社団法人等の理事が事業遂行にあたって法令の遵守を図ることは当然であるが、そのための慎重な検討、判断が求められる。一般社団法人、一般財団法人に顧問弁護士、あるいは日頃相談できる弁護士がいる場合には、解釈、適用が問題になったり、そもそも関係する法令が不明確であったりした場合には、積極的に弁護士の意見を徴しておくことも賢明な対策である。法令違反をめぐる取締役の損害賠償責任が問われた裁判例は比較的少ないが、いくつかの裁判例を紹介したい。

〔裁判例103〕　東京地判昭和61・5・29判時1194号33頁（取締役の法令違反の肯定事例）

　Ａ株式会社は、子会社であるＢ株式会社の合併を検討していたが、Ｂの株式の約26％を保有していたＣの反対のため、株主総会における特別決議を得ることが困難であったため、Ａの担当者がＣと交渉をした結果、合併を推進するため、取締役Ｙらが常務会の同意を得たうえ、時価より高額でＣから株式を引き取ることとし、Ａの完全子会社であるＤ株式会社に肩代わりさせて取得し、その後、Ｅグループ各社に低額で売却させ、そのため差損として約35億円が発生したため、Ａの株主ＸがＹらに対して代表訴訟により１億円の損害賠償を請求したものである。本判決は、完全子会社による株式取得が商法210条所定の自己株式取得の禁止に当たるとし、差額相当の損害との因果関係を肯定し、請求を認容したものである。

〔裁判例104〕　東京高判平成元・7・3商事法務1188号36頁（取締役の法令違反の肯定事例）

　前記の〔裁判例103〕東京地判昭和61・5・29判時1194号33頁の控訴審判決であり、Y₁らが控訴したものである。本判決は、商法210条違反を認め、控訴を棄却したものである。

〔裁判例105〕　大阪地判平成2・2・28判時1365号130頁、判タ737号219頁（取締役の法令違反の否定事例）

　Ｘは、Ａ株式会社の株主であり、Ｙは、その代表取締役であるが、Ａが額面金額で株主割当の新株発行を行った際、Ｙが失権株を慣例に従って額面金額で引き受け、従業員持株制度により従業員に分配

譲渡したため（当時の株式の時価は、額面金額の40倍であった）、Xが代表訴訟により損害賠償を請求したものである（AがYに補助参加した）。本判決は、失権株を取締役が従業員に譲渡するために引き受けたことは会社発展のために有用な方法である等として、商法280条の11の規定に違反しないとし、請求を棄却したものである。

〔裁判例106〕　東京地判平成3・4・18金判876号30頁（取締役の法令違反の肯定事例）

　Xは、A株式会社の株主であるが、AがBらから400万株の自己株式を融資を受けて購入し、その全株式をC株式会社（Aの100パーセント子会社である）に売却し、Cが購入価格より安価で他に売却したため、Aが保有するCの株式の評価損、融資の利息金の損失が生じたことから、XがAの取締役であるYらに対し、代表訴訟により損害賠償を請求したものである。本判決は、違法な自己株式の取得であり、評価損等との間の因果関係を肯定し、請求を認容したものである。

〔裁判例107〕　最一小判平成5・9・9民集47巻7号4814頁（取締役の法令違反の肯定事例）

　前記の〔裁判例104〕東京高判平成元・7・3商事法務1188号36頁の上告審判決であり、Y₁らが上告したものである。本判決は、商法210条違反を認め、上告を棄却したものである。

XIII 法令違反に関する裁判例

〔裁判例108〕 東京地判平成5・9・16判時1496号25頁、判タ827号39頁、金法1369号37頁、金判928号16頁(取締役の法令違反の否定事例)

Xは、A株式会社の株主であり、Aの取引先であるB株式会社が営業特金による資金運用で損失を被ったことから、Aが損失補塡を行ったところ、XがAの取締役Yらに対して、代表訴訟により損害賠償を請求したものである。本判決は、私的独占の禁止及び公正取引の確保に関する法律(以下、「独禁法」という)19条違反を認めたものの、長期的には会社の利益を図った等とし、また独禁法19条違反と損害との因果関係が認められないとして、請求を棄却したものである。

〔裁判例109〕 東京地判平成6・12・22判時1518号3頁、判タ864号286頁(取締役の法令違反の肯定事例)

A株式会社の取締役Yが茨城県B町の公共事業につき町長に対して賄賂を供与したため、Aの株主XがYに対し株主代表訴訟により損害賠償を請求したものである。本判決は、刑法違反も商法266条1項5号所定の法令に当たる等とし、請求を認容したものである。

〔裁判例110〕 東京高判平成7・9・26判時1549号11頁、判タ890号45頁、金法1435号46頁、金判981号8頁(取締役の法令違反の否定事例)

前記の〔裁判例108〕東京地判平成5・9・16判時1496号25頁、判タ827号39頁、金法1369号37頁、金判928号16頁の控訴審判決であり、Xが控訴したものである。本判決は、独禁法19条違反を認めた

153

ものの、損害との因果関係を否定し、善管注意義務、忠実義務を否定し、控訴を棄却したものである。

〔裁判例111〕 東京地判平成10・5・14判時1650号145頁、判タ976号277頁、金判1043号3頁（取締役の法令違反の肯定事例）

Xは、A株式会社の株主であり、Aの取引先であるB株式会社らが営業特金による資金運用で損失を被ったことから、Aが損失補塡を行ったところ、XがAの取締役Yらに対して、代表訴訟により損害賠償を請求したものである。本判決は、損失補塡が独禁法19条違反であるとしたものの、独禁法違反の認識がなかったことにつき過失があるとはいえず、損失補塡が顧客との紛争回避、取引の維持拡大による会社の経済的利益を図るためにした等の事情の下で行われたものであり、裁量の範囲を逸脱するものではないとして、請求を棄却したものである。

〔裁判例112〕 名古屋高判平成10・9・29判時1678号150頁（取締役の法令違反の肯定事例）

A株式会社の代表取締役Bが死亡し、Aの取締役でBの子であるYらが相続し、取締役会を開催し、Bの退職慰労金としてYらに900万円、800万円、800万円を支給する旨の決議をし、それを受領したところ、Bの後妻でAの株主であるXが株主総会の決議を経ていない退職慰労金の支払いが違法であるとし、株主代表訴訟を提起したところ、Yらが受領額を借り入れたとし、貸金に振り替えたものである。第一審判決が請求を棄却したため、Xが控訴したもので

ある。本判決は、貸金に振り替えても損害賠償責任が消滅しないとし、原判決を変更し、請求を認容したものである。

〔裁判例113〕 東京高判平成11・1・27金判1064号21頁（取締役の法令違反の肯定事例）

前記の〔裁判例111〕東京地判平成10・5・14判時1650号145頁、判タ976号277頁、金判1043号3頁の控訴審判決であり、Xが控訴したものである。本判決は、第一審判決を維持し、控訴を棄却したものである。

〔裁判例114〕 最二小判平成12・7・7民集54巻6号1767頁、判時1729号28頁、判タ1046号92頁、金法1597号75頁、金判1096号3頁（取締役の法令違反の肯定事例）

前記の〔裁判例110〕東京高判平成7・9・26判時1549号11頁、判タ890号45頁、金法1435号46頁、金判981号8頁の上告審判決であり、Xが上告したものである。本判決は、商法266条1項5号所定の法令には、取締役を名宛人とする法令だけでなく、会社を名宛人とする法令も含まれるとしたものの、Yらの過失がなかったとし、上告を棄却し、

「一　株式会社の取締役は、取締役会の構成員として会社の業務執行を決定し、あるいは代表取締役として業務の執行に当たるなどの職務を有するものであって、商法266条は、その職責の重要性にかんがみ、取締役が会社に対して負うべき責任の明確化と厳格化を図るものである。本規定は、右の趣旨に基づき、法令に違反する行為をした取締役はそれによって会社の被った損害を賠償する責めに

任じる旨を定めるものであるところ、取締役を名あて人とし、取締役の受任者としての義務を一般的に定める商法254条3項（民法644条）、商法254条ノ3の規定（以下、併せて「一般規定」という。）及びこれを具体化する形で取締役がその職務遂行に際して遵守すべき義務を個別的に定める規定が、本規定にいう「法令」に含まれることは明らかであるが、さらに、商法その他の法令中の、会社を名あて人とし、会社がその業務を行うに際して遵守すべきすべての規定もこれに含まれるものと解するのが相当である。けだし、会社が法令を遵守すべきことは当然であるところ、取締役が、会社の業務執行を決定し、その執行に当たる立場にあるものであることからすれば、会社をして法令に違反させることのないようにするため、その職務遂行に際して会社を名あて人とする右の規定を遵守することもまた、取締役の会社に対する職務上の義務に属するというべきだからである。したがって、取締役が右義務に違反し、会社をして右の規定に違反させることとなる行為をしたときには、取締役の右行為が一般規定の定める義務に違反することになるか否かを問うまでもなく、本規定にいう法令に違反する行為をしたときに該当することになるものと解すべきである。

　二　これを本件について見ると、証券会社が、一部の顧客に対し、有価証券の売買等の取引により生じた損失を補てんする行為は、証券業界における正常な商慣習に照らして不当な利益の供与というべきであるから、野村證券が東京放送との取引関係の維持拡大を目的として同社に対し本件損失補てんを実施したことは、一般指定の9（不当な利益による顧客誘引）に該当し、独占禁止法19条に違反するものと解すべきである。そして、独占禁止法19条の規定は、同法1条所定の目的達成のため、事業者に対して不公正な取引方法を用いることを禁止するものであって、事業者たる会社がその業務を行う

に際して遵守すべき規定にほかならないから、本規定にいう法令に含まれることが明らかである。したがって、被上告人らが本件損失補てんを決定し、実施した行為は、本規定にいう法令に違反する行為に当たると解すべきものである。

しかるに、原審は、独占禁止法19条に違反する行為が当然に本規定にいう法令に違反する行為に当たると解するのは相当でないと判断しているのであって、この点において、原審は法令の解釈を誤ったものといわなければならない」
と判示し、法令の範囲を明らかにし、法令の範囲を広く解したものである。

〔裁判例115〕 名古屋地判平成13・10・25判時1784号145頁、金判1149号43頁（取締役の法令違反の否定事例）

野菜、青果等の卸販売等を業とし、中央卸売市場において卸売業務を行っているA株式会社は、市場内におけるせり売り等において、卸売価格が出荷者の意に沿わない金額で決まった際、卸売りをした後、出荷者等の要請等により集荷対策費の名目で支出を行ってきたところ、Aの株主X（その夫Bは、Aの代表取締役であり、株主であったが、Bの死亡後、Xが株式を相続した）は、集荷対策費の支出が名古屋市中央卸売業務条例60条等に違反し、取締役の法令違反である等と主張し、Aの元代表取締役Y_1（Bの実弟である）、代表取締役Y_2に対して株主代表訴訟を提起し、損害賠償を請求したものである。本判決は、法令、条例において集荷対策費の支出を禁止する規定は存在しないが、集荷対策費の支出は青果卸売会社の経営上不可欠であり、他の業者も同様な支出をしており、市は検査において適正化に努めるよう勧告をしているにとどめていること等から、Y_1

らに過失があったとはいえないとし、請求を棄却したものである。

〔裁判例116〕　東京地判平成18・4・26判時1930号147頁（取締役の法令違反の肯定事例）

　総合商社であるX株式会社は、海運業を営むY株式会社と、合弁会社を設立し、船舶を共同所有し、5年間共同運航し、損益を分担すること等を内容とする合弁契約を締結したが、Yの当時の代表取締役Zは、取締役会の決議を経ないで合弁契約を締結したところ、5年間運航し、損失が発生したため、XがYに対して損失分担分の精算金の支払いを請求し、YがZに対してZの法令違反行為により損害を被ったと主張し、損害賠償を請求したものである。本判決は、Xの請求を認容するとともに、Zの商法260条2項に違反した法令違反を認め、Yの請求を認容したものである。

XIV　理事の責任に関する裁判例

　以上の裁判例は、株式会社、有限会社の取締役の責任をめぐるものを中心に概観してきたが、ここで、数少ない公益法人・中間法人の理事らの責任に関する裁判例も眺めておきたい。公益法人・中間法人の理事らの責任に関する裁判例の数は、前記の株式会社等の取締役らの責任に関する裁判例の数と比較すると、数少ないが、取りまとめてここで紹介したい。

〔裁判例117〕 仙台地判昭和52・9・7判時893号88頁（理事の責任の否定事例）

　Xらは、A美容環境衛生組合の組合員であり、Yらは、Aの理事であるが、Aが総代会の承認を得て美容学校の設立を計画し、土地の購入のために手付金を支払う等していたところ、組合員に周知させる段階に至って、反対運動が激化し、計画を一時中止したため、Xらが計画のために支出した費用につき任務懈怠を理由に損害賠償を請求したものである（なお、環境衛生法34条、39条参照）。本判決は、計画自体無謀とはいえないし、自己の利益を図り、Aに損害を与えるという目的も認められないとし、善管注意義務、忠実義務違反がなかったとし、請求を棄却したものである。

〔裁判例118〕 東京地判昭和60・8・30判時1198号120頁（理事の責任の肯定事例）

　X信用組合の理事長Yは、借主の返済能力等を十分に調査しないで金銭を貸し付け、投機的取引を行い、自分が関係する会社に架空の手数料を支払い、約4億円の損害を与えたため、XがYに対してそのうち1億円の損害賠償を請求したものである。本判決は、任務懈怠を肯定し、請求を認容したものである。

〔裁判例119〕 大阪地判昭和63・1・29判時1300号134頁（理事の責任の肯定事例）

　Xらは、商店街振興組合Aの組合員であり、Yは、その理事長であるが、Aが商店街の地域振興の一環としてBから借地権付きの建物を買い受け、建物を取り壊してコンビニエンスストアを建築する

予定を立て、時価に比較して廉価（1800万円）で売買契約を締結したところ、その後、Aがその計画を中止し、売買契約上の地位をYが代表者であるC有限会社に同額で譲渡したため、Xらが代表訴訟により、建物等の時価と転売価格の差額につき損害賠償を請求したものである（商店街振興組合法51条、56条参照）。本判決は、特段の事情がない限り、公正な時価と転売価格の差額につき損害を認め、請求を認容したものである。

〔裁判例120〕　東京地判平成6・2・23判夕868号280頁（理事の責任の肯定事例・否定事例）

Y_1協同組合は、中小企業等協同組合法に基づき設立されたものであり、1組合員に対する貸付金の最高限度額を1億円とする総会決議をしていたところ、Y_1の理事長Y_2、専務理事Y_3、常勤理事Y_4が役員を務めるA株式会社に総額88億円を貸し付けたが、約47億円が回収不能になっていることが判明する等したため、Y_1に対して1712万円余を貸し付けていた組合員XがY_1のほか、中小企業等協同組合法38条の2第2項に基づきY_2ないしY_4、非常勤理事Y_5ら、監事Y_6らに対して損害賠償を請求したものである。本判決は、Y_1に対する請求を認容するとともに、Y_2ないしY_4の悪意または重大な過失を認め、請求を認容し、Y_5らの悪意または重大な過失を否定し、請求を棄却したものである。

〔裁判例121〕　大阪地判平成6・3・1判夕893号269頁（理事の責任の否定事例）

X_1、X_2、X_3ら（合計80名）は、中小企業等協同組合法に基づき

設立されたA協同組合の組合員であり（X_1は監事、X_2は理事）、Aの理事長Y_1、副理事長Y_2、専務理事Y_3とAの運営をめぐって対立し、Y_1らがB有限会社の取締役にも就任していたところ、X_1らがY_1らにつきBからA協同組合に交付されるべき金員を不法に領得したなどと主張し（X_1、X_2は臨時総代会で除名された）、中小企業等協同組合法42条（商法267条を準用）に基づき代表訴訟を提起し、損害賠償を請求したものである。本判決は、提訴前に提訴請求をしていなかった組合員についても原告適格を認め、Y_1らの訴訟代理人が別件訴訟でA協同組合の訴訟代理人をしていることは弁護士法25条1項に違反しないとし、不法領得が認められないとし、請求を棄却したものである。

〔裁判例122〕　静岡地判平成9・11・28判時1654号92頁（理事・監事の責任の否定事例）

Xは、Y_1学校法人の理事長であったが、Y_1においては専門学校の設置を計画し、検討を行い、設置が妥当であるとの結論に達したところ、理事会、評議員会等で議論がされ、理事会で設置が可決され、Y_2県の担当課と事前の折衝が行われる等したものの、担当課から指示がされる等していたところ、Y_1の関係者の中からXの姿勢を批判し、退陣を要求する者が出たり、マスコミが報道する等したことから、Xが任期満了により理事の地位を失ったため（専門学校は、結局、設置が認可された）、XがY_1、Y_2のほか、Y_1の理事Y_3ら、監事Y_4に対して、専門学校の設置を妨害したなどと主張し、損害賠償等を請求したものである。本判決は、設置計画が遅延していたとはいえないし、内部紛争につきXが経営する会社との利益相反行為等があったとし、Xの主張を排斥し、請求を棄却したも

のである。

〔裁判例123〕　名古屋地判平成10・10・26判時1680号128頁（理事の責任の否定事例）

　トラック事業者を組合員とするA協同組合は、その共済事業を支部に委託していたところ、一部の支部がさらにその事業をB組合、C組合に委託し、委託手数料を支払っていたため、Aの組合員Xらが代表訴訟によりAの理事Yらに対して委託手数料相当の損害賠償を請求したものである。本判決は、YらとB、Cとの間の業務委託が自己取引に当たるとしたが、Aの黙示的な事後承諾を得ている等とし、請求を棄却したものである。

〔裁判例124〕　札幌地浦河支判平成11・8・27判タ1039号243頁（理事・監事の責任の肯定事例）

　水産業漁業協同組合法に基づき設立されたX協同組合は、1組合員当たりの貸付最高限度額が平成3年4月1日までは8000万円、以後は1億円であったところ、Xの準組合員であるA有限会社、B有限会社に最高限度額を超える貸付けを繰り返し、結局、Aにつき4億円余、Bにつき3億円余が回収不能になったため、XがXの理事、監事であったYら（合計12名）に対して忠実義務違反、監督義務違反等を主張し、損害賠償を請求したものである。本判決は、理事、監事の義務違反を認め、不正貸付けを認識し得た時期等の諸事情を考慮し、8000万円、7000万円、5000万円の範囲で請求を認容したものである。

〔裁判例125〕　大阪地判平成12・5・24判時1734号127頁（理事の責任の肯定事例）

　A信用組合は、無担保で高額の株式投資資金をB有限会社に対して貸し付けたところ、Bが倒産し、貸金が回収不能になり、Aが破綻し、Aから事業の譲渡を受けたX株式会社がAの理事であったYらに対して損害賠償を請求したものである。本判決は、理事としての善管注意義務に違反したとし、請求を認容したものである。

〔裁判例126〕　浦和地判平成12・7・25判時1733号61頁（理事の責任の肯定事例）

　Y_1学校法人は、幼稚園を経営していたところ、園児Aが園庭にある遊具である雲梯で遊んでいたところ、遊具にかけてあったロープ（縄跳び用の縄）に首をかけているのが発見され、救急車で病院に搬送されたが、死亡していたため、Aの両親X_1、X_2がY_1のほか、Y_1の理事長Y_2、理事兼幼稚園の園長Y_3、担任の教諭Y_4ら、Y_5県に対して債務不履行、不法行為に基づき損害賠償を請求したものである。本判決は、日頃は縄跳び用の縄を確認して保管し、園児を監視していたところ、事故当日、縄跳び用の縄を使用したものの、事故に至ったことから、安全確保に一層の配慮が必要であるのに怠ったとし、Y_1ないしY_4らの責任を認め、請求を認容し、Y_5の責任を否定し、請求を棄却したものである。

〔裁判例127〕　大阪地判平成12・9・8判時1756号151頁（理事の責任の肯定事例）

　A信用組合は、B有限会社に土地の購入代金等として4億円余の

融資を行ったところ、回収が困難になり、経営破綻したAが資産をC株式会社に譲渡し、Cが吸収合併され、X株式会社になった後、XがAの理事長Y_1、理事Y_2、Y_3、Bの代表取締役Y_4に対して、Y_1らの善管注意義務違反等を主張し、損害賠償を請求したものである。本判決は、Y_1らの善管注意義務違反を肯定し、請求を認容したものである。

〔裁判例128〕 大阪地判平成12・11・13判時1758号72頁（理事の責任の肯定事例）

Xら（合計16名）は、Y_1宗教法人が主催する研修等に参加し、研修費用、参加費用等を支払ったが、Y_1の信者であるY_5、Y_6らから足裏診断等を介して害悪を告知され、多額の出捐を強いられたと主張し、Y_1、Y_5、Y_6のほか、教祖Y_2、理事長Y_3、理事Y_4に対して不法行為に基づき損害賠償を請求したものである。本判決は、理事長らの共同不法行為を認め、請求を認容したものである。

〔裁判例129〕 大阪地判平成13・5・28判時1768号121頁、金判1125号30頁（理事の責任の肯定事例）

A信用組合は、土木建築等を業とするB株式会社等に対して土地開発プロジェクトに関して融資を行ったところ、回収が困難になり、経営破綻したAが資産をC株式会社に譲渡し、Cが吸収合併され、X株式会社になった後、XがAの理事Yらに対して、大口融資規制違反、不十分な審査等を理由として損害賠償を請求したものである。本判決は、一部の融資につきYらの善管注意義務違反を肯定し、請求を認容したものである。

〔裁判例130〕 東京地判平成13・5・31判時1759号131頁（理事の責任の肯定事例）

　A信用組合がその代表理事が代表者をしていたB株式会社とそのグループ会社に融資を行い、69億円余の融資が回収不能になったため、Aの組合員Xらが代表訴訟により融資に関与したAの理事Yらに対して損害賠償を請求したところ、Aにつき金融機能の再生のための緊急措置に関する法律が適用され、Zが金融管財人に選任され、代表訴訟に共同訴訟参加したものである。本判決は、Xらの訴えが不適法になったとし、却下し、Yらの忠実義務違反による損害賠償責任を認め、Zの請求を認容したものである。

〔裁判例131〕 東京高判平成13・12・26判時1783号145頁（理事の責任の肯定事例）

　X農業協同組合は、定款において投資信託への投資が認められていなかったところ、Y専務理事が株式投資信託を購入し、損失を被ったことから、Xにおいて代表理事Aが訴訟代理人を選任し、Yに対して善管注意義務違反、忠実義務違反を主張し、損害賠償を請求し、その後、Xの経営が破綻し、Z農業協同組合がXを吸収合併し、訴訟を承継したものである。第一審判決が請求を認容したため、Yが控訴したものである。本判決は、投資信託の購入が善管注意義務違反に当たる等とし、控訴を棄却したものである。

〔裁判例132〕 山形地判平成14・3・26判タ1801号103頁（理事の責任の肯定事例）

　Yは、A社会福祉法人の理事長（代表理事）であるが、特別擁護

老人ホーム等の複合施設の建設を計画し、B株式会社（Yが代表取締役）との間で施設整備の請負契約を締結し、Bは、C株式会社と下請契約を締結し、X県に補助金の交付申請をし、補助金の交付を受け、また、D社会福祉法人の理事長（代表理事）であり、特別擁護老人ホーム等の建設を計画し、Bとの間で建設請負契約を締結し、Bは、E株式会社との間で下請契約を締結し、Xに補助金の交付申請をし、補助金の交付を受けたため、XがYに対して水増しの工事代金によって補助金を過大に取得した等と主張し、損害賠償を請求したものである。本判決は、補助金の交付に関する代表理事の不法行為を認め、請求を認容したものである。

〔裁判例133〕　大阪地判平成15・5・9判時1828号68頁（理事の責任の肯定事例）

　Y_1学校法人は、野球専門学校等を運営し、入学志願者向けの学校案内に充実した施設の下で著名な講師による高度な実技指導等が行われる旨が記載されていたところ、X_1ないしX_8は、野球専門学校に入学したが、学校案内と実際の教育内容がかけ離れていたため、X_1らのほか、父母X_9ら（合計18名）がY_1のほか、理事長Y_2、最高顧問Y_3、学園長Y_4に対して不法行為等に基づき損害賠償を請求したものである。本判決は、現実の学科授業等が不十分であり、Y_1の債務不履行、不法行為を認めたうえ、Y_2につきY_1の運営に実質的権限を有し、決定していたものであるとし、その不法行為を認め、請求を認容し、Y_3、Y_4の不法行為を否定し、請求を棄却したものである。

〔裁判例134〕 東京地判平成16・7・2判時1868号75頁（理事の責任の肯定事例・否定事例）

Y_1信用組合は、平成10年2月から3月まで出資金の増強キャンペーンを行い、出資を募集し、Xらがこれに応じて出資したところ、平成11年6月、大幅な債務超過に陥り、同年12月、事業全部をA信用組合に譲渡し、解散したため、XらがY_1、その理事長Y_2、理事Y_3に対して不法行為等に基づき損害賠償を請求したものである。本判決は、出資募集時にはすでに大幅な債務超過にあった等とし、Y_1、Y_2の不法行為責任（Y_1については、民法44条に基づく責任）を肯定し、その範囲で請求を認容したが、Y_3については、理事会の日程調整等を担当していたにすぎず、Y_2の不法行為を阻止することを期待することはできなかった等とし、Y_3に対する請求を棄却したものである。

〔裁判例135〕 大阪地判平成16・7・28判時1877号105頁（理事の責任の否定事例）

Y_1厚生年金は、A株式会社において厚生年金保険法に基づき設立されたものであるが、運営が悪化し、解散を検討し、代議員会において解散を決議する等し、清算手続が行われたため（Aは、その後、会社更生手続が開始された）、Aの従業員で、Y_1の加入員であるXら（合計11名）がY_1のほか、理事長Y_2、理事Y_3らに対して忠実義務違反を主張し、損害賠償を請求したものである。本判決は、Y_1は、法に基づき設立された法人であり、国の運営する厚生年金の支給を代行するものであり、理事等は公務に従事する職員とみなされているから、その職務行為につき個人として責任を負う余地はない等とし、請求を棄却したものである。

〔裁判例136〕 東京地判平成17・3・17判タ1182号226頁（理事の責任の否定事例）

能楽の狂言方の宗家を称するXが所属するY₁社団法人の代表理事Y₂は、Xの公演のダブルブッキング、遅刻、早退の繰り返し等につきY₁の定款違反であり、処分を行う臨時総会の開催の決定、Xが宗家ではない旨を記者会見で発言したため、Xが名誉毀損を主張し、Y₁、Y₂に対して不法行為に基づき損害賠償、謝罪広告の掲載を請求する等したものである。本判決は、発言が相当な論評である等とし、名誉毀損を否定し、請求を棄却したものである。

〔裁判例137〕 福岡高判平成17・5・12判タ1198号273頁（理事の責任の否定事例）

N漁業協同組合は、港湾整備事業の一環として行われた廃棄物埋立護岸工事に伴い、区画漁業権の一部を放棄することの対価として補償金を受け取り、総会を開催し、多数決によって、N協同組合のA支所、B支所、C支所、D支所に所属する組合に分配したため、N協同組合の組合員Xら（合計222名）が理事であるYらに対して善管注意義務違反等を主張し、損害賠償を請求したものである。第一審判決は、補償金の配分は総会の特別決議によるべきであるところ、本件配分手続は違法で、無効である等とし、理事としての忠実義務違反を認め、請求を認容したため、Yらが控訴したものである。本判決は、本件配分手続には特別決議が必要であるとする最一小判平成元・7・13民集43巻7号866頁の前に行われたものであり、任務懈怠に悪意または重大な過失が認められない等とし、原判決を取り消し、請求を棄却したものである。

XIV 理事の責任に関する裁判例

〔裁判例138〕　青森地判平成18・2・28判時1963号110頁（理事の責任の肯定事例、理事・監事の責任の否定事例）

　X住宅供給公社において経理事務を担当していたAは、平成5年2月から平成13年10月まで合計約14億6000万円をXの預金口座から引き出し、外国人女性のために費消する等したため（Aは、一時所在不明になり、借金歴、暴力団関係者との接触歴があったが、経理部門にとどめられていた）、Xが前記期間内の理事長、副理事長、専務理事、理事、監事らであるYらに対して善管注意義務違反等を主張し、損害賠償を請求したものである。本判決は、専務理事の1名につき経理事務の監視体制の整備強化を怠り、総務部長3名と課長1名につき経理事務の点検確認、指導体制の強化を怠ったとし、その責任を認め、請求を認容したが、その余の理事、監事らについては不正行為を防止するために具体的に監視等をすることが現実的に困難であった等とし、責任を否定し、請求を棄却したものである。

〔裁判例139〕　鹿児島地判平成18・9・29判タ1269号152頁（理事の責任の肯定事例）

　知的障害を有するAは、Y_1県の福祉事務所長から援護委託措置決定を受け、Y_2社会福祉法人が設置運営する知的障害者更生施設に通所していたところ、Y_2の理事Y_3（施設長）に引率され、山中の作業所で保護訓練を受けている間に行方不明となり、その後も行方が不明になったため、Aの両親X_1、X_2がY_1のほか、Y_2、Y_3に対して損害賠償を請求したものである。本判決は、山中の作業所で知的障害者に作業をさせることが危険性が高く、Y_3としては自己の管理下でAの動静を絶えず把握すべき注意義務を負っていたと

ころ、これを怠ったとし、その不法行為を認め、Y_2の民法44条1項の責任を認め、請求を認容し、Y_1の責任を否定し、請求を棄却したものである。

〔裁判例140〕 佐賀地判平成19・6・22判時1978号53頁（理事の責任の肯定事例）

A協同組合は、中小企業等協同組合法に基づき設立され、会員に対する事業費の貸付け、福利厚生事業等を行っていたところ、多額の債務超過に陥り、経営が悪化し、粉飾決算を続ける等し、破産宣告を受けたため、貸付金債権、共済金債権を有するAの組合員Xらが Aの元理事長 Y_1、元専務理事 Y_2、元専務理事 Y_3、Y_4県に対して不法行為等に基づき損害賠償を請求したものである。本判決は、粉飾決算を繰り返して組合員らから貸付金等の受入れをしたことが不法行為に当たる等とし、請求を認容したものである。

〔裁判例141〕 盛岡地判平成19・7・27判タ1294号264頁（理事の責任の肯定事例）

X農業協同組合（代表理事は Y_1）は、理事 Y_2 の親族、知人の経営する株式会社等に対して合計11件、総額12億円を超える融資をし、回収不能になったため、Xが Y_1、Y_2 に対して善管注意義務違反、忠実義務違反を主張し、損害賠償を請求した後、XがZ農業協同組合に吸収合併されたことから、Zが訴訟を承継したものである。本判決は、一部の融資は農業協同組合法34条を潜脱して行った違法性の高いものであり、その余の融資は過大な担保評価を行うなどして行われたものであるとし、善管注意義務違反、忠実義務違反を認め、

請求を認容したものである。

〔裁判例142〕　東京地判平成19・9・12判時2002号125頁（理事
　　　　　　　・評議員の責任の肯定事例）

　X学校法人は、音楽大学等を設置運営していたところ、Xの理事会が開催されたこと、理事9名のうち、理事長Aほか5名の理事を解任したこと、評議員Aほか7名を解任し、Y_1ないしY_4ら8名を後任に選任したこと、理事の後任としてY_1ないしY_4ら6名を理事に選任したこと、Bを理事長に選任したことの決議が可決された旨の議事録が作成され、登記されたため、Aらの解任された理事らが東京地裁にY_1らの職務停止、職務代行者の選任を求める仮処分を申し立て、認容され、Aらの解任された評議員らも仮処分の申立てをし、認容される等したため、XがY_1らに対して理事会議事録の偽造、虚偽の登記、Xの業務妨害を主張し、共同不法行為に基づき損害賠償を請求したものである。本判決は、新理事ら、新評議員らの共同不法行為を認め、請求を認容したものである。

〔裁判例143〕　那覇地判平成20・6・25判時2027号91頁（理事の
　　　　　　　責任の否定事例）

　X漁業協同組合連合会は、所属の協同組合の漁獲物を保管、在庫管理、販売をしていたところ、モズク、ソデイカの在庫を持ち越す等したため、Xが代表理事Y_1、専務理事Y_2らに対して在庫を適切に管理し、適正な時期に販売すべきであり、善管注意義務違反、監督指導義務違反を主張し、損害賠償を請求したものである。本判決は、モズクの取引価格が不安定であり、ソデイカの取引価格も不

安定であり、その販売が不当であるといえない等とし、監督、指導上の善管注意義務違反を否定し、請求を棄却したものである。

〔裁判例144〕　最二小判平成21・11・27判時2067号136頁（監事の責任の肯定事例）

　X農業協同組合の代表理事Aは、Xが理事会の承認を受け、堆肥センターの建設事業を補助金を受け、Xの財政的負担のない形で行う計画を進めていたところ、補助金の交付申請をしないで、理事会には申請をしているとの虚偽の報告をし、Xの資金を使用して建設用地を取得したこと等から、資金調達の目処が立たず、計画が中止される等したため、XがXの監事であるYに対してAの違法な行為に気づき、差し止めなかった任務懈怠があった等と主張し、損害賠償を請求したものである。第一審判決は、任務懈怠があるということはできないとし、請求を棄却したため、Xが控訴したものである。控訴審判決は唯一の常勤理事であるAが理事会の一任を取り付け、さまざまな事項を処理判断するとの慣行が存在し、なし崩し的に建設工事が実行に移されたものであり、Yに義務違反があったということはできないとし、控訴を棄却したため、Xが上告受理を申し立てたものである。本判決は、資金調達の方法を調査、確認することなく、建設事業が進められたことを放置したことに任務懈怠があるとし、原判決を破棄し、第一審判決を取り消し、請求を認容したものである。

XV　監査役の責任に関する裁判例

　株式会社等の取締役と比べると、監査役は、損害賠償責任が追及された事例も少ないし、損害賠償責任が認められた事例はさらに少ないのが実情である。法人法の下における一般社団法人、一般財団法人の監事についても、理事と比べると、取締役・監査役と同様な関係、傾向が予想される。監査役の責任に関する従来の裁判例を概観すると、株式会社からの責任追及に関する裁判例として、大阪地判平成18・2・23判時1939号149頁、金判1242号19頁（否定事例）がある。

　株主代表訴訟に関する裁判例として、次のものがある。
① 大阪地判平成12・5・31判時1742号141頁（否定事例）
② 大阪地判平成12・9・20判時1721号3頁（否定事例）
③ 東京地判平成13・1・18判時1758号143頁（否定事例）
④ 大阪地判平成15・9・24判時1848号134頁、判タ1144号252頁（否定事例）
⑤ 東京地判平成16・5・20判時1871号125頁（否定事例）
⑥ 東京地判平成16・12・16判時1888号3頁、判タ1174号150頁（否定事例）
⑦ 大阪地判平成16・12・22判時1892号108頁（否定事例）
⑧ 東京地判平成17・2・10判時1887号135頁（否定事例）
⑨ 最三小判平成17・2・15判時1890号143頁、判タ1176号135頁（肯定事例）
⑩ 大阪高判平成18・6・9判時1979号115頁（肯定事例）
⑪ 東京高判平成20・5・21判タ1281号274頁、金判1293号12頁（否定事例）

　他方、第三者からの責任追及に関する裁判例として、次のものがある。

① 東京高判昭和51・3・31判タ339号280頁（否定事例）
② 東京地判昭和52・8・24判タ372号141頁（否定事例）
③ 新潟地判昭和52・12・26判タ369号383頁（否定事例）
④ 京都地判昭和55・10・14判タ427号186頁（否定事例）
⑤ 東京地判昭和55・11・26判時1011号113頁（否定事例）
⑥ 東京高判昭和56・7・16判タ452号161頁（否定事例）
⑦ 東京地判昭和56・11・27判タ463号133頁（否定事例）
⑧ 大阪地判昭和57・3・29判タ469号251頁（否定事例）
⑨ 東京地判昭和58・2・24判時1071号131頁（否定事例）
⑩ 神戸地判昭和62・5・27判タ661号240頁（否定事例）
⑪ 東京地判平成2・1・31金判858号28頁（否定事例）
⑫ 東京地判平成3・5・7判タ777号165頁（肯定事例）
⑬ 東京地判平成4・11・27判時1466号146頁（肯定事例）
⑭ 東京地判平成6・7・25判時1509号31頁（否定事例）
⑮ 東京地判平成8・3・28判時1584号139頁（肯定事例）
⑯ 東京地判平成11・3・26判時1691号3頁（肯定事例）
⑰ 東京地判平成17・1・27判時1929号100頁（否定事例）
⑱ 東京地判平成17・6・27判時1923号139頁（否定事例）
⑲ 東京地判平成17・11・29判タ1209号274頁（肯定事例）

XVI 理事、監事に対する損害賠償責任の追及への対応

　理事、監事に対する損害賠償責任の追及の手続については、理事、監事に対して具体的に損害賠償責任を追及する場合、責任の原因となる事実関係、法的な根拠が判明次第、いきなり訴訟が提起されることは稀であろう。多くの場合には、一般社団法人、一般財団法人の内部で理事、

監事に関する法的な責任が問題になったり、取引の相手方らである第三者から問い合せがされたりし、損害賠償責任の追及が示唆され、あるいは告知されることになろう。

　理事、監事が第三者から損害賠償責任が追及される場合には、内容証明郵便等による事前の告知がされることが多いが、法律上は、事前の手続が必要とされているわけではない。損害賠償責任の告知が内容証明郵便等の書面でされる場合、書面の内容を読むと、怒りが湧き、腹が立つことがあるが、努めて冷静になることが重要である（内容証明郵便の中には、読む者の感情を逆撫でることを目論む者もいるから、無闇に怒ることは、送付者の術中に陥ることにもなる）。内容証明郵便の中には、虚偽の内容、名誉を侵害する内容等が含まれていることがあるが、このような場合には、送付した者の不法行為を問いうることがある。第三者から損害賠償責任の追及が告知された場合、理事らは、役員損害賠償責任保険に加入しているときは、保険会社に通知するとともに、責任を認めた場合における保険金の支払いの可能性を検討することになる。理事らが責任を否認する場合には、第三者からの告知に対して反論書を送付することもあるが、何らの反論をしないことでも差し支えない。

　また、理事らの損害賠償責任を告知する内容証明郵便が送付された場合には、実際にも訴訟が提起されることが少なくないため、すでに弁護士に相談しているときは、弁護士と訴訟対策を具体的に検討する必要がある（弁護士に相談していない場合には、訴状が実際に送達された後には検討する時間がさほどないから、この時点で早期に弁護士に相談することがよい）。第三者は、理事らに対して損害賠償責任を追及することを決断した場合には、訴状等の必要な書面を作成して訴訟を提起することになる。理事、監事に対する損害賠償を請求する訴訟をいつ提起するかは、原告となる第三者が自由に選択することができるのであり、理事らとしては待たされることになる（内容証明郵便等の書面によって損害賠償責任の追

及が告知された後、相当の月日が経過しても、訴訟が提起されないと、書面を送付された理事らは、焦らされ、待たされる心理状態に陥ることにも配慮することが重要である。書面を送付した者にいつ訴訟を提起するかなどを問い合わせることができないことは自明である)。

　一般社団法人、一般財団法人から損害賠償責任が追及される場合には、法人内部で話題になり、調査が実施され、理事会、監事の間等で議論がされ、理事らが損害賠償責任を負うと判断されると、理事らの自発的な責任の取り方が検討されることになる。このような過程の中で責任が指摘された理事らは、最後まで責任を争うか、あるいは責任を果たすかの選択をすることになるが(理事らの役職を辞任することによって責任をとることもある)、責任を争った場合には、一般社団法人らとして最終的に損害賠償責任を追及する訴訟を提起するかを判断することになる。この最終的な検討、判断を理事会で行う場合には、個々の理事の判断が誤ったとものと認められると、その判断自体につき任務懈怠の損害賠償責任を問われる可能性がある(監事の場合にも、理事らの損害賠償責任に関する調査、検討、判断につき誤判断があると認められると、同様に責任を問われる可能性がある)。この場合には、責任を指摘された理事らは、自分の責任の有無、内容を検討し、判断する相当の時間的なゆとりをもつことができる。

XVII　理事、監事に対する社員代表訴訟

1　問題の所在

　理事会、あるいは理事の検討、判断によって責任を指摘された理事らに対して損害賠償責任を追及しないと、一般社団法人の場合には、社員が理事らに対して損害賠償責任を追及する手続をとる可能性がある(社

員代表訴訟）。社員が理事らに対して損害賠償責任を追及しようとする場合には、法人法278条所定の手続をとることが必要であり、この手続をとらないまま訴訟を提起すると、不適法な訴えとして却下される。

　社員は、一般社団法人に対し、書面その他の法務省令で定める方法により、理事、監事らの責任を追及する訴えの提起を請求することができ（法人法278条1項）、一般社団法人が請求の日から60日以内に責任追及の訴えを提起しないときは、当該請求をした社員が一般社団法人のために責任追及の訴えを提起することができることになる（法人法278条2項）。この60日の期間の経過により一般社団法人に回復することができない損害が生ずるおそれがある場合には、当該社員は、直ちに責任追及の訴えを提起することができるとされている（法人法278条4項）。一般社団法人は、請求の日から60日以内に責任追及の訴えを提起するかどうかを検討し、判断することになるが、責任追及の訴えを提起しない場合には、当該請求をした者らから請求を受けたときは、当該請求をした者に対し、遅滞なく、訴えを提起しない理由を書面その他の法務省令で定める方法により通知することが必要である（法人法278条3項）。

　社員による不当な訴訟の提起については、実務上問題になることがあるし、責任を指摘された理事らにとっては常に不当な訴訟の提起であるように思われる。実際、不当な訴訟の提起に対する対策を立てる場合、訴訟の提起が請求をした社員または第三者の不正な利益を図りまたは当該一般社団法人に損害を加えることを目的とするものであると主張し（法人法278条1項ただし書）、訴えの却下を求めることができるが、その主張を立証し、裁判所を納得させることはさほど期待することはできない（株主代表訴訟の場合において、この主張が認められた事例は少ない）。

　株式会社の取締役につき株主代表訴訟が提起された場合にも、訴訟の提起が権利の濫用に当たるのではないかが問題になることが少なくなかった。訴訟を提起する株主、あるいは代理人が他の株式会社に対しても

同種の訴訟を提起したことがあったり、訴訟の提起前に株式会社との間にトラブルが生じていたり、株式会社に対して何らかの請求をしていたりする等の事情があることもあり、権利の濫用に当たるとの主張がされてきたものである。一般社団法人の理事、監事に対する社員の提起する代表訴訟についても同様な問題が生じると予想される。

2 裁判例

株主代表訴訟の提起につき権利の濫用が問題になった従来の裁判例としては、次のようなものがある。

〔裁判例145〕 長崎地判平成3・2・19判時1393号138頁
　銀行業を営むA株式会社の株主X（約1万株を有する）は、AがB会社に不当な融資を行ったとして、Aの社長Y_1、専務Y_2、常務Y_3に対して株主代表訴訟により損害賠償を請求したものである。本判決は、訴えの提起の目的がXの自己の経済的利益を図るものである等として、権利の濫用を肯定し、訴えを却下したものである。

〔裁判例146〕 東京地判平成15・5・12金判1172号39頁
　A株式会社は、平成9年5月、B株式会社、C株式会社を設立し、AとBは、将来Cの完全子会社に移行することを計画し、平成14年に上場することを企図していたところ、Y_1は、平成10年1月以降現在まで、Aの代表取締役に就任し、Y_2は、平成12年6月までAの代表取締役であり、同年10月までCの代表取締役であったが、Aは、平成12年9月に開催した取締役会においてCを持株会社とする持株会社移行に参加しない旨を決議し、同年10月、A、Bは、Cの臨時株主総会を開催し、Cの解散決議をしたため（全員出席総会で

あり、全員が賛成した）、Ａの株主Ｘが株主代表訴訟を提起し、善管注意義務違反、忠実義務違反を主張し、Y_1、Y_2に対して損害賠償を請求したものである。本判決は、Y_2は、Ｃの解散決議当時取締役ではなかったとし、訴えを却下し、Y_1に対する訴訟の提起が権利の濫用に当たらないとしたものの、他の取締役らとともに議論を尽くし、Ａの今後の経営戦略、成長をも踏まえ、悪影響をも考慮したうえで前記の構想から離脱することを判断したものであり、取締役の裁量の範囲内であるとし、善管注意義務違反等を否定し、請求を棄却したものである。

〔裁判例147〕　東京地判平成19・9・27判時1986号146頁、金判1278号18頁

　Ｘら（501名）は、Ａ株式会社の株主であるが、Ａは、平成15年9月の中間決算期に連結ベースで約630億円の債務超過であり、事業の再生、財務の改善のため、平成16年3月、産業再生機構に支援の申込みをし、平成17年4月頃、粉飾決算の事実を公表し、同年6月、上場が廃止されたところ、スポンサー企業を探し、Ｂ株式会社、Ｃ有限責任事業組合等がスポンサー企業として支援することになり、Ａの多数の株式を取得し、関連するファンド連合にＡの事業を譲渡し、代金債権の処理につき債務引受け、相殺等をする等したことから、Ｘらが株主代表訴訟を提起し、Ａの取締役であるY_1ないしY_5に対して善管注意義務違反、忠実義務違反を主張し、損害賠償を請求したものである。本判決は、Ｘらのうち25名が提訴請求をしていないとし、訴えを却下し、他のＸらにつき訴訟の提起が権利の濫用に当たらないとしたものの、Ａに損害が生じたと認めるに足りる証拠がないとし、請求を棄却したものである。

また、株主代表訴訟の提起が権利の濫用に当たるかどうかではなく、信義則に違反するかどうかが問題になった裁判例もある。

―〔裁判例148〕　東京地判平成17・3・10判タ1228号280頁、金判1239号56頁―

　百貨店業を営むA株式会社は、B株式会社（メインバンクは、C株式会社）とゴルフ場の土地買収、造成等につき覚書を締結し、Aの子会社であるD株式会社がBに500億円余の貸付けをする等したが、ゴルフ場の開発が頓挫し、Bの経営が悪化し、Aは、巨額の引当てを余儀なくされたため、Aの株主Xが平成14年5月の時点におけるAの取締役Y_1ないしY_{14}に対して、AがBの代表取締役E、Cに対する損害賠償請求等の回収を行わなかったことが善管注意義務に違反すると主張し、損害賠償を請求したものである（Xは、すでに同一の取締役に対して株主代表訴訟を提起し、東京地判平成16・7・28金判1239号44頁として審理、判断されていた）。本判決は、前訴と同一の取締役につき訴訟の提起が信義則に違反するとし、訴えを却下し、その余の取締役につき善管注意義務違反を否定し、請求を棄却したものである。

さらに、株式会社がその取締役に対して訴訟を提起したり、第三者が取締役に対して訴訟を提起したりしたことが権利の濫用に当たるかどうかが問題になった裁判例もある。

―〔裁判例149〕　東京地判平成12・6・22金判1126号55頁―
　X株式会社は、昭和23年2月に設立され、保険代理業等を営んでいたが、Yは、昭和51年2月から平成10年8月までの間、Xの代表

取締役社長に就任していたところ、一度も株主総会を開催せず、株主総会において利益処分案の承認決議を経ることなく、役員賞与を取得したため（一人株主が長期にわたってこれを事実上黙認していた）、AがXの代表取締役に就任した後、Yに対して役員賞与相当額の損害賠償を請求したものである。本判決は、Yの善管注意義務違反、忠実義務違反を認め、債務不履行責任を肯定し、10年間の消滅時効によって消滅した部分を除き、損害賠償額の5割を超える権利行使が権利の濫用に当たるとし、請求を一部認容したものである。

〔裁判例150〕　高知地判平成2・1・23金判844号22頁

X株式会社は、鮮魚等の加工販売を業とする会社であり、取締役Y_1は、代表取締役から交際費の着服等の嫌疑をかけられ、退職を余儀なくされ、従業員のY_2らとともに、退職の申出をし、同種の営業を目的とする別会社を設立したところ、Xが忠実義務、競業避止義務違反を理由に損害賠償を請求したものである。本判決は、後任の取締役が選任されるまでは取締役としての義務を負うものの、その選任を懈怠して義務違反を問うことは権利の濫用に当たるとし、請求を棄却したものである。

〔裁判例151〕　東京地判平成8・6・20判時1578号131頁

Xらは、A株式会社（同族会社）の株主であり、その大部分を所有していたが、その株式をB株式会社に売却したところ、Bが破産宣告を受け、売買契約が破産法59条により解除されたとして、B破産管財人Cに対し、株券の引渡し、Aの代表取締役Yに対し、商法266条ノ3の規定等に基づき損害賠償を請求した後、Cとの間で訴

訟上の和解を成立させ、株券の引渡しを受け、Yとの訴訟が係属中、さらに代表訴訟により損害賠償を請求したものである。本判決は、Xらの株主の地位に基づく商法266条ノ3所定の損害賠償請求を棄却し、代表訴訟については申立手数料の節約を図るためのものであり、訴権の濫用であるとして、訴えを却下したものである（他の理由による損害賠償請求を一部認容した）。

XVIII　責任追及の訴えに対する担保提供申立て

1　問題の所在

　社員による責任追及の訴えが提起された後は、被告となった理事らは、この訴えが悪意によるものであると主張、立証し（この立証は、証明でなく、疎明で足りる）、当該社員に対して相当の担保の提供を申し立てることができる。裁判所によって担保提供が命じられると、責任追及の訴えを提起した社員が担保を提供しないことが多いため、訴えが却下されることになる（前記の悪意の意義、立証、提供を命じられる担保額等をめぐる争いがある）。

2　裁判例

　株主代表訴訟について担保提供の申立てがされた事件は、一時期相当多かったものであり、次のような裁判例が公表されている。これらの裁判例は、一般社団法人の理事、監事につき社員代表訴訟が提起された場合における理事らの防衛策の一つとして参考になる。

〔裁判例152〕 名古屋地決平成6・1・26判時1492号139頁、金判947号30頁

銀行業を営むA株式会社の株主Yがその頭取Xに対してAがBに貸し付けた貸金の返済が不能になったため、代表訴訟により損害賠償を請求したところ、Xが担保提供を申し立てたものである。本決定は、悪意の疎明がないとして、申立てを却下した。

〔裁判例153〕 東京地決平成6・7・22判タ867号126頁、金判955号15頁

YはA株式会社の株主であるが、その取締役Xらが仕手グループの利益のために会社の資産を提供する等としたとして、代表訴訟により損害賠償を請求したところ、Xらが担保の提供を申し立てたものである。本決定は、悪意の疎明があったとして、Xらに対しそれぞれ1000万円の担保の提供を命じたが、一部の申立てを却下した。

〔裁判例154〕 東京地決平成6・7・22判タ867号143頁、金判955号28頁

前記の〔裁判例153〕東京地決平成6・7・22判タ867号126頁、金判955号15頁の関連事件であり、取締役Xらから担保提供の申立てがされたものである。本決定は、悪意を肯定し、申立てを認容した。

〔裁判例155〕 東京高決平成7・2・20判タ895号252頁、金判968号23頁

前記の〔裁判例154〕東京地決平成6・7・22判タ867号143頁、

第5章 一般社団法人・一般財団法人の理事、監事の責任の概要

金判955号28頁の抗告審であり、双方が抗告したものである。本決定は、一部の原決定を取り消し、申立てを却下し、一部の原決定を変更した。

〔裁判例156〕 名古屋地決平成7・2・28判タ877号288頁

YらはA株式会社の株主であり、XらはAの取締役であるが、Yらが原発建設に違法な支出をしたとして、代表訴訟により損害賠償を請求したところ、Xらが担保の提供を申し立てたものである。本決定は、悪意に出たものとして、各取締役につき2000万円、400万円の担保の提供を命じた。

〔裁判例157〕 名古屋高決平成7・3・8判時1531号134頁、判タ881号298頁、金判965号28頁

前記の〔裁判例152〕名古屋地決平成6・1・26判時1492号139頁、金判947号30頁の抗告審であり、取締役Yが抗告したものである。本決定は、悪意を肯定し、原決定を取り消し、担保の提供を命じた（担保は、800万円とされた）。

〔裁判例158〕 高松高決平成7・8・24金判997号25頁

Xらは銀行業を営むA株式会社の取締役であるが、取引先Bに対する追加融資を打ち切ったため、Bが倒産し、貸金が回収不能になったことから、Aの株主Yが代表訴訟により損害賠償を請求したところ、Xらが担保の提供を申し立てたものである。第一審決定が申立てを却下したため、Xらが抗告したものである。本決定は、悪意

を否定し、抗告を棄却した。

〔裁判例159〕　浦和地決平成7・8・29判時1562号124頁、判タ894号254頁

　YはA株式会社の株主であり、XらはAの取締役であり、Xらが第三者割当増資を決定したが、不公正な発行価額を定めたとして（Aは、市場価格を基礎として発行価額を決定しているが、売買出来高が少なかった）、代表訴訟により損害賠償を請求したところ、Xらが担保の提供を申し立てたものである。本決定は、発行価額の公正さは本案訴訟によって判断されるべきであるとし、悪意を否定し、申立てを却下した。

〔裁判例160〕　名古屋高決平成7・11・15判タ892号121頁、金判983号10頁

　前記の〔裁判例156〕名古屋地決平成7・2・28判タ877号288頁の抗告審であり、Yらが抗告したものである。本決定は、漁協に対する支出についての損害賠償請求が悪意に出たものとはいえないとして、原決定を一部取り消し、申立てを一部却下した。

〔裁判例161〕　東京地決平成8・6・26金法1457号40頁

　Xらは銀行業を営むA株式会社の取締役であるが、Aの株主Yが取引先であるB株式会社に対する貸付債権を放棄したことにつき代表訴訟によりXらに対し損害賠償を請求したのに対し、担保の提供を申し立てたものである。本決定は、善管注意義務等の違反を具体

的に主張しないことから、悪意があるとし、申立てを認容した。

〔裁判例162〕　大阪地決平成8・8・28判時1597号137頁、判タ924号259頁

　YはA株式会社の株主であり、Xらはその取締役であるが、Aの従業員が贈収賄事件で有罪判決を受け、官公庁工事から辞退することになったため、代表訴訟により、監視義務違反を理由に損害賠償を請求したのに対し、Xらが担保の提供を申し立てたものである（Yは、かつてAの従業員であり、退職の13年後に復職を求め、訴訟を提起していた）。本決定は、自己の復職を有利な影響を与えようとして代表訴訟を提起したこと等から、悪意を認め、申立てを認容した（担保として各1000万円を認めた）。

〔裁判例163〕　大阪地決平成8・11・14判時1597号149頁

　YはA株式会社の株主であり、Xらはその取締役であるが、YがAが経営するゴルフ場の建設等を請け負い、工事を終えた後、Aからその補修工事等を請求されていたところ、Yが高額の貸付けが回収不能になっている等として代表訴訟により損害賠償を請求したのに対し、Xらが担保の提供を申し立てたものである。本決定は、工事の瑕疵を追及される等し、困惑させるために代表訴訟を提起したとして、悪意を認め、申立てを認容した（1000万円、500万円の担保を認めた）。

〔裁判例164〕　大阪地決平成9・3・17判時1603号134頁

　Yは証券業を営むA株式会社の株主であり、Xらはその取締役であるが、飛ばしを行い最終の顧客に損失を支払い、Aに損失を被らせたため、Yが代表訴訟により損害賠償を請求したのに対し、Xらが担保の提供を申し立てたものである。本判決は、悪意を認めず、申立てを却下した。

〔裁判例165〕　大阪地決平成9・3・21判時1603号130頁、判タ941号259頁

　Yは製薬業を営むA株式会社の株主であり、Xらはその取締役であるが、Aが非加熱血液製剤を製造、販売し、多数の血友病患者にエイズに罹患させたため、和解によって多額の損害賠償をするに至ったため、Yが代表訴訟により損害賠償を請求したのに対し、Xらが担保の提供を申し立てたものである。本判決は、Xらが非加熱血液製剤の製造、販売にどのように関与したのか等が明らかではなく、裁判所の釈明にも応じないから、請求が認容される可能性がないとして、悪意を認め、申立てを認容した（500万円ないし2000万円の担保を認めた）。

〔裁判例166〕　大阪地決平成9・4・18判時1604号139頁

　Yらは銀行業を営むA株式会社の株主であり、Xらはその取締役であるが、Aのニューヨーク支店の従業員が取引で多額の損失を出し、刑事訴追を受けて多額の罰金を支払い、司法取引をしたため、Yらが代表訴訟により損害賠償を請求したのに対し、Xらが担保の提供を申し立てたものである。本決定は、取締役の善管注意義務違

反等につき具体的な主張をしない等として、悪意を認め、申立てを認容した（2000万円の各担保を認めた）。

〔裁判例167〕　大阪高決平成9・8・26判時1631号140頁
　前記の〔裁判例165〕大阪地決平成9・3・21判時1603号130頁、判タ941号259頁の抗告審決定であり、Yが抗告を申し立てたものである。本決定は、悪意を否定し、原決定を取り消し、申立てを却下した。

〔裁判例168〕　大阪高決平成9・11・18判タ971号216頁
　前記の〔裁判例166〕大阪地決平成9・4・18判時1604号139頁の抗告審決定であり、Xらが抗告したものである。本決定は、悪意の疎明はないとして、原決定を取り消し、申立てを却下した。

XIX　社員に対する損害賠償責任の追及

　さらに、社員によって提起された訴訟が不当訴訟であり、不法行為に当たると主張し、当該社員に対して損害賠償を請求する訴訟を提起することも考えられる（なお、敗訴した社員の損害賠償責任については、悪意があった場合に限り、一般社団法人に対する損害賠償責任を負うとの規定が設けられている。法人法282条2項・3項）。不当訴訟の提起が不法行為に当たるかどうかについては、判例（最三小判昭和63・1・26民集42巻1号1頁、判時1281号91頁）があるが、国民の裁判を受ける権利（憲法32条）

を考慮し、要件が比較的厳格であるため、例外的な事案についてのみ役立つ方法である。

　最三小判昭和63・1・26（民集42巻1号1頁、判時1281号91頁）は、「法的紛争の当事者が当該紛争の終局的解決を裁判所に求めうることは、法治国家の根幹にかかわる重要な事柄であるから、裁判を受ける権利は最大限尊重されなければならず、不法行為の成否を判断するにあたつては、いやしくも裁判制度の利用を不当に制限する結果とならないよう慎重な配慮が必要とされることは当然のことである。したがつて、法的紛争の解決を求めて訴えを提起することは、原則として正当な行為であり、提訴者が敗訴の確定判決を受けたことのみによつて、直ちに当該訴えの提起をもつて違法ということはできないというべきである。一方、訴えを提起された者にとつては、応訴を強いられ、そのために、弁護士に訴訟追行を委任しその費用を支払うなど、経済的、精神的負担を余儀なくされるのであるから、応訴者に不当な負担を強いる結果を招くような訴えの提起は、違法とされることのあるのもやむをえないところである。

　以上の観点からすると、民事訴訟を提起した者が敗訴の確定判決を受けた場合において、右訴えの提起が相手方に対する違法な行為といえるのは、当該訴訟において提訴者の主張した権利又は法律関係（以下「権利等」という。）が事実的、法律的根拠を欠くものであるうえ、提訴者が、そのことを知りながら又は通常人であれば容易にそのことを知りえたといえるのにあえて訴えを提起したなど、訴えの提起が裁判制度の趣旨目的に照らして著しく相当性を欠くと認められるときに限られるものと解するのが相当である。けだし、訴えを提起する際に、提訴者において、自己の主張しようとする権利等の事実的、法律的根拠につき、高度の調査、検討が要請されるものと解するならば、裁判制度の自由な利用が著しく阻害される結果となり妥当でないからである」と判示し、先例になっている（関連する裁判例は多数公表されているが、最近の裁判例としては、

東京地判平成17・2・25判時1935号94頁、東京地判平成18・2・27判タ1235号236頁、東京地判平成18・9・25判タ1221号289頁、名古屋地豊橋支判平成19・12・21判タ1279号252頁等がある）。

また、不当訴訟については、訴訟を提起した者の不法行為責任のみならず、その者の訴訟代理人となって訴訟を提起、追行した弁護士の不法行為責任が問題になることもある（東京高判昭和54・7・16判時945号51頁、京都地判平成3・4・23判タ760号284頁、東京地判平成3・9・6判タ788号242頁、大阪高判平成4・1・28判タ792号176頁、東京地判平成7・7・26判時1558号45頁、東京地判平成7・10・9判時1575号81頁、東京地判平成8・2・23判時1578号90頁、東京地判平成10・2・27判タ1028号210頁）。

XX 社員代表訴訟に関するその余の規定

社員が一般社団法人のために理事らの責任を追及する訴訟を提起する場合、申立手数料として貼用する印紙額は、1万3000円であり（法人法278条5項）、一般の損害賠償請求訴訟における請求額と比較して、訴訟の提起が容易になっている。

社員が提起するこの訴えについては、ほかに、専属管轄（法人法279条）、訴訟参加（法人法280条）、和解（法人法281条）、費用等の請求（法人法282条）、再審の訴え（法人法283条）に関する規定が設けられている。

XXI 理事、監事の損害賠償責任に関する免除規定

1 一般社団法人の理事、監事についての社員総会決議による責任免除

理事、監事の損害賠償責任の免除については、さまざまな規定が設け

られている。

　まず、一般社団法人の場合には、総社員の同意があるときは、免除されるとされている（法人法112条）。規模が小規模で、社員間の意思の疎通が図られ、理事らの損害賠償責任が軽微であるような場合には、総社員の同意による免責の可能性が相当にあるが、それ以外の場合には同意を得ることが困難なことが多いであろう。

　責任の全部免除のほか、一部免除の規定も設けられている。社員総会は、理事らの一般社団法人に対する任務懈怠の損害賠償責任（法人法111条1項所定の責任）につき、理事らが職務を行うにつき善意でかつ重大な過失がないときは、損害賠償額から最低責任限度額を控除した額を限度として免除することができるとされている（法人法113条1項）。最低責任限度額は、当該理事、監事がその在職中に一般社団法人から職務執行の対価として受け、または受けるべき財産上の利益の1年間当たりの額に相当する額として法務省令で定める方法により算定される額に、代表理事の場合には6を、代表理事以外の理事であって外部理事（外部理事の意義については、法人法113条1項2号ロ参照）でないものの場合には4を、外部理事、監事の場合には2をそれぞれ乗じて得た額とされている（要するに、たとえば、年間に受け取る財産上の利益の2倍が最低責任限度額になるものであり、社員総会の決議によって免除されるのは、損害賠償額とこの最低責任限度額の差額の範囲内であるということになるから、最大限、最低責任限度額の範囲内で損害賠償責任を負うことになる）。

　社員総会において責任の一部免除の決議をするにあたっては、理事は、責任の原因となった事実および賠償の責任を負う額、免除することができる額の限度およびその算定の根拠、責任を免除すべき理由および免除額を社員総会に開示することが必要であるし（法人法113条2項）、監事設置一般法人の場合には、理事の責任の免除に関する議案を社員総会に提出するには、監事（監事が2人以上ある場合には、各監事）の同意を得

ることが必要である（法人法113条3項）。これは、社員総会の決議による一部免除を認めるものであるが、理事、監事の損害賠償責任がどの程度証明されている場合に認められるのか、責任を指摘された理事らが責任を争っている場合にも実効的であるのか（免除の議案を提案し、否決された場合には、後日予想される訴訟にどのような影響を与えるのか）、責任を免除する理由としてどのような理由であることが必要であるのか、監事の同意の基準は何か、免除の議案を提出する理事の責任は生じないか等の問題が生じることがある。

2 一般社団法人の理事、監事についての定款の定めによる責任の一部免除

　また、社員総会の決議による責任の一部免除のほか、定款の定めによる一部免除の規定も設けられている。監事設置一般社団法人（理事が2人以上ある場合に限る）は、理事らの任務懈怠の損害賠償責任（法人法111条1項所定の責任）につき、理事らが職務を行うにつき善意でかつ重大な過失がない場合、責任の原因となった事実の内容、当該理事、監事の職務の執行の状況その他の事情を勘案して特に必要があると認めるときは、前記の免除することができる額を限度として理事（責任が問われている理事を除く）の過半数の同意（理事会設置一般社団法人の場合には、理事会の決議）によって免除することができる旨を定款で定めることができるとされている（法人法114条1項）。理事の責任の免除に関する議案を理事会に提出する場合等には、監事（監事が2人以上ある場合には、各監事）の同意を得ることが必要である（法人法114条2項、113条3項）。

　理事らが定款の定めに従って責任を免除する旨の同意をした場合には、理事は、遅滞なく、責任の原因となった事実および賠償の責任を負う額等の一定の事項、責任を免除することに異議がある場合には一定の期間内（1カ月を超える期間）に当該異議を述べるべき旨を社員に通知する

ことが必要であり（法人法114条3項）、総社員の10分の1（定款でこれを下回る割合を定めることができる）以上の議決権を有する社員が定められた期間内に異議を述べたときは、定款の定めによる免除をすることができない（法人法114条4項）。これは、定款の定めと理事の過半数の同意（理事会の決議）による一部免除を認めるものであるが、前記の社員総会の決議による場合と同様な問題が生じる可能性がある。

3　一般社団法人の外部理事、外部監事についての責任限定契約による責任の一部免除

さらに、外部理事（法人法113条1項2号ロ）、外部監事（法人法115条1項）については、責任限定契約による責任の一部免除の規定も設けられている。外部理事、外部監事の一般社団法人に対する任務懈怠の損害賠償責任（法人法111条1項所定の責任）につき、外部理事らが職務を行うにつき善意でかつ重大な過失がないときは、定款で定めた額の範囲内であらかじめ一般社団法人が定めた額と最低責任限度額とのいずれか高い額を限度とする旨の契約を外部理事らと締結することができる旨を定款で定めることができるとされている（法人法115条1項）。

この定款の定めに従って一般社団法人が外部理事らと責任限定契約を締結することが必要である。一般社団法人が当該契約の相手方である外部理事らが任務を怠ったことにより損害を受けたことを知ったときは、その後最初に招集される社員総会に責任の原因となった事実および賠償の責任を負う額、免除することができる額の限度およびその算定の根拠、当該契約の内容および当該契約を締結した理由、任務懈怠による損害のうち当該理事、監事が賠償責任を負わないとされた額を開示することが必要である（法人法115条4項）。

4　一般財団法人の理事・監事の責任免除

　他方、一般財団法人の場合には、理事らの責任の免責についても、一般社団法人に関する規定が準用されているが（法人法198条。ただし、同法117条2項1号ロを除く）、社員総会、社員が存在しないため、社員総会、社員に関する規定は評議員会、評議員として準用されることになっている。評議員は、社員と同様な権限、職責が認められているものであり、理事、監事の責任の全部または一部の免除を検討し、判断することができる重要な役割が期待されているところであるが、それだけに評議員の判断の誤りについても責任を負う可能性があることに留意することが必要である。

第6章　一般財団法人の評議員の義務と責任の概要

I　一般財団法人の評議員、評議員会に関する規定

　一般財団法人については、評議員の選任、評議員会の設置が法定されている（法人法170条1項）。一般財団法人については、機関設計が厳格であり、評議員、評議員会のほか、理事、理事会、監事も必置の機関として法定されている（法人法170条1項。なお、前記のとおり、一般社団法人の場合には、機関設計に裁量が認められている）。

　一般財団法人と評議員との関係は、委任に関する規定に従うとされており（法人法172条1項）、評議員は、一般財団法人に対して善管注意義務等の民法所定の受任者の義務を負うものである。

　評議員は、3人以上であることが必要であり（法人法173条3項）、資格も制限されている（法人法173条1項・2項）。評議員の選任、解任は、その方法が定款の必要的な記載事項であるから（法人法153条1項8号）、その方法に従って選任される。

　評議員は、評議員会の構成員であり（法人法178条1項）、評議員会の構成員として行為するものである。

II　評議員会の権限・義務の変化の概要

　評議員会は、法人法に規定する事項および定款で定めた事項に限り、決議をすることができ（法人法178条2項）、同法の規定により評議員会

第6章　一般財団法人の評議員の義務と責任の概要

の決議を必要とする事項について理事、理事会その他の評議員会以外の機関が決定することができるとする定款の定めは、効力を有しないとされ（法人法178条3項）、評議員会の権限が強化されている。なお、民法法人の時代にも評議員会が設けられていることがあったが、諮問機関等として位置づけられていたにすぎないものであり、法人法の下では広範で強力な権限が評議員会に付与されている。

　評議員会の権限としては、理事、監事、会計監査人の解任権が認められており、評議員会は、理事、監事が職務上の義務に違反し、または職務を怠ったとき等には、理事らを解任することができるとされている（法人法176条）。

　評議員の権限、義務を法人法の条文の順に列挙すると、以下のような規定が設けられている。

① 　理事・監事の解任権（法人法176条1項）
② 　会計監査人の解任権（法人法176条2項）
③ 　評議員会における議決権（法人法178条、189条）
④ 　評議員会の招集請求権（法人法180条）
⑤ 　評議員会の目的事項請求権（法人法184条）
⑥ 　評議員会の議案提案権（法人法185条）
⑦ 　評議員会の議案の要領通知請求権（法人法186条1項）
⑧ 　評議員会の招集手続等に関する検査役選任申立権（法人法187条1項）
⑨ 　評議員会の議事録の閲覧・謄写請求権（法人法193条4項）
⑩ 　評議員会の書面等の閲覧・謄写請求権（法人法194条3項）
⑪ 　一般財団法人に対する損害賠償責任の免除に関する同意権（法人法198条、112条）
⑫ 　一般財団法人に対する損害賠償責任の一部免除権（法人法198条、113条1項）

⑬　定款に基づく一般財団法人に対する損害賠償責任の一部免除に関する異議権（法人法198条、114条4項）
⑭　会計帳簿の閲覧・謄写請求権（法人法199条、121条1項）
⑮　計算書類の承認権（法人法199条、126条2項）
⑯　計算書類等の閲覧・謄写請求権（法人法199条、129条3項）
⑰　定款の変更決議権（法人法200条）
⑱　事業の全部譲渡の決議権（法人法201条）

　評議員の権限・義務は、従来の民法法人の下と比較すると、名称は同じであっても、根本的に異なるものであることに注意が必要である。民法法人の時代において評議員に就任していたり、評議員の印象をもち続けていたりすると、一般財団法人の下において評議員の就任の打診を受け、就任した場合、その権限の行使が適切でなかったり、義務の履行を怠ったりすることがある。一般財団法人の下における評議員は、従来と名称は同じであるが、異なる権限・義務・地位のものであることを理解することが重要である。また、評議員としては、多数の権限・義務が法人法によって認められているものであるから、その権限・義務の内容を理解しておくことが重要であることはいうまでもない。

　評議員は、評議員会の構成員として権限を行使するものであるが、理事の業務執行等に対して監督権を行使することが重要な職責になっているものであり、評議員の就任の打診がある場合、理事らの役員と知人、友人の関係にあったり、一般財団法人との関係があったりすると、評議員としての重要な権限の行使等に躊躇が芽生えないではない。評議員としての権限の行使等にあたっては妥当性、公平性に配慮することも重要である。

III 評議員会の権限・義務の詳解

前記のとおり列挙した評議員の権限・義務をより詳細に眺めてみると、次のようになっている。

1 理事、監事の解任権（法人法176条1項）

評議員会は、理事または監事が職務上の義務に違反し、または職務を怠ったとき、心身の故障のため、職務の執行に支障があり、またはこれに堪えないときは、決議によってその理事または監事を解任することができるとされている（法人法176条1項）。評議員会の理事、監事の解任権は、その一部はこれを適切に行使することによって理事、監事の不正な権限の行使、不正行為等を防止することが可能になる。理事らの不正な権限の行使、不正行為が判明する過程はさまざまなものが予想されるが、評議員が内部告発、告発によって知ることが少なくないものと予想されるし、一般財団法人の業務執行の監督の過程から不正な権限の行使等が判明することもあろう。評議員が理事らの不正な権限の行使、不正行為を知り、あるいは疑うにつき相当な理由を知るに至った場合、評議員としてどのような対応をすべきかが問題になる。

理事らは、一般財団法人の役員であり、経営、事業の執行を行っているものであるから、評議員会は、相当に確実な事実関係上の根拠、法的な根拠がなければ監督権を行使することができないし、事実関係上の根拠を検討し、判断するためには証拠の収集、評価が必要である等、監督権の行使をするためには重要な障害がある（法的な検討、判断をするには、法律専門家の助言を得ることも必要になろう）。評議員会が自ら調査、検討、判断をするには相当な困難が伴うし、一般財団法人の役員、従業員の協力を得ることも、事柄の性質上、困難が伴う。評議員会が理事、監

事の解任権を行使するには、このような過程を経たうえ、解任事由につき事実関係、法律関係上合理的な理由があることを判断することが必要であるが、前記のとおりの困難が伴うのである。

しかし、理事、監事を適切な時期に解任しないことによって、理事らの不正な権限の行使、不正行為がさらに行われると、一般財団法人、第三者に損失が生じることがあり（損失が拡大することもある）、解任権の不適切な行使、あるいは不行使につき損害賠償責任が問われるおそれが残るのである。

2　会計監査人の解任権（法人法176条2項）

評議員会は、会計監査人につき職務上の義務に違反し、または職務を怠ったとき、会計監査人としてふさわしくない非行があったとき、心身の故障のため、職務の執行に支障があり、またはこれに堪えないとき、決議によって会計監査人を解任することができるとされている（法人法176条2項）。会計監査人もその任務懈怠等につき一般財団法人、第三者に対して損害賠償責任を負うものであるが（法人法198条、199条）、評議員会は、会計監査人の義務違反等を監督する権限を有するものであるから、その権限の行使が不適切であったり、行使しなかったりし、一般財団法人、第三者に損害が生じたと認められる場合には、評議員の損害賠償責任が問われるおそれが残るものである。

3　評議員会における議決権（法人法178条、189条）

評議員は、評議員会の構成員であり（法人法178条1項）、法人法で定められた事項および定款で定められた事項につき評議員会の構成員として決議に加わることができる（法人法178条2項）。評議員会における決議は、議決に加わることができる評議員の過半数（これを上回る割合を定款で定めた場合にあっては、その割合以上）が出席し、その過半数（こ

れを上回る割合を定款で定めた場合にあっては、その割合以上）をもって行うとされ（法人法189条1項。なお、一定の事項の決議については特別多数決が必要とされている。法人法189条2項）、これらの事項について特別の利害関係を有する評議員は議決に加わることができないとされている（法人法189条3項）。

評議員会における決議のルールは、このように法人法上明確にされているから、このルールに従うことは当然であるが、個々の評議員は決議にあたって適切に議決権を行使し、評議員会として妥当な権限を行使することも求められるということができる。評議員が不当、不正に議決権を行使し、評議員会が不当、不正な決議をし、あるいは決議を怠ったような場合には、評議員の任務懈怠が問われるおそれが残るものである。

4　評議員会の招集請求権（法人法180条）

評議員会の招集は、原則として理事の権限であるが（法人法179条3項）、評議員は、理事に対し、評議員会の目的である事項および招集の目的を示して、評議員会の招集を請求することができる等とされている（法人法180条1項・2項）。理事が評議員会を定時または臨時に招集することが通常であるが、理事らの解任等、役員等に不利な事項の決議をする場合には、理事の招集を期待することが困難である。評議員としては、自ら評議員会の招集を求めることができるし、招集をすべき場合も想定されているのである。

5　評議員会の目的事項請求権（法人法184条）

評議員は、理事に対し、一定の事項を評議員会の目的とすることを請求することができるとされており（法人法184条本文）、目的事項請求権を有している。前記のとおり、評議員会は理事が招集することができるのが原則であり、評議員会の目的も理事によって定められるのが原則で

あるが、評議員のこの権限は、評議員にも目的事項を請求することを認めるものであり、一般財団法人の経営、事業の状況によっては重要な役割が期待されるものである。

6　評議員会の議案提案権（法人法185条）

評議員は、前記の目的事項請求権に併せて、評議員会において、評議員会の目的である事項につき議案を提出することができるとされ（法人法185条本文）、議案提出権を有している。評議員のこの権限は前記4、5の目的事項請求権と同様な役割が期待されている。

7　評議員会の議案の要領通知請求権（法人法186条1項）

評議員は、理事に対し、評議員会の日の4週間（これを下回る期間を定款で定めた場合にあっては、その期間）前までに、評議員会の目的である事項につき当該評議員が提出しようとする議案の要領を理事が行う通知に記載し、または記録して評議員に通知することを請求することができるとされ（法人法186条1項）、議案の要領通知請求権を有している。評議員のこの権限は前記4、5、6の権限と同様な役割が期待されている。

8　評議員会の招集手続等に関する検査役選任申立権（法人法187条1項）

評議員は、評議員会に係る招集の手続および決議の方法を調査させるため、当該評議員会に先立ち、裁判所に対し、検査役の選任の申立てをすることができるとされ（法人法187条1項）、招集手続等に関する検査役選任権を有している。評議員のこの権限は、評議員会の決議の効力等をめぐる紛争が予想される場合、招集手続、決議の方法が法令、定款に従ってされたかどうかを調査させるため、検査役を選任させ、検査役に

201

調査結果を報告させるものである（法人法187条4項ないし6項）。評議員のこの権限は、このような職務を有する検査役の選任を申し立てることができる権限である。

9　評議員会の議事録の閲覧・謄写請求権（法人法193条4項）

　評議員会が開催され、決議がされると、後日、評議員会の議事については、法務省令が定めるところにより、議事録が作成されることになっている（法人法193条1項）。議事録は、決議の効力、決議の内容を明らかにする重要な書類であり、一般財団法人において保管され、主たる事務所等に備え置くことが求められている（法人法193条2項・3項）。評議員会の議事録は、その作成、保管自体が重要であるだけでなく、後日、決議の効力、決議の内容、決議の内容の当否等をめぐる紛争が生じることがあるが、評議員としては、その紛争において重要な証拠として利用されるものであることに留意することが重要である。

　評議員にとっては、評議員会において審議事項につき、どのような意見をもち、何を発言し、どのように議決権を行使するかが重要であるが、それだけでなく、議事録に自分の意見がどのように記載され、記録されるかも重要である。評議員は、このように作成された議事録が後日生じるかもしれない評議員の責任をめぐる紛争において重要な証拠になることを理解しておくことは、訴訟対策としても必要である。

　このような事情を背景として、評議員は、一般財団法人の業務時間内は、いつでも、議事録が書面をもって作成されているときは、当該書面または当該書面の写し等の閲覧または謄写を請求することが認められている（法人法193条4項）。評議員にとって議事録は重要な証拠であるから、必要に応じて謄写を請求したうえ、謄写した議事録を保管しておくことが望ましい。

10　評議員会の書面等の閲覧・謄写請求権（法人法194条3項）

　評議員会における決議については、評議員会を開催するほか、評議員の全員が書面等によって同意した場合には、評議員会の決議があったものとみなされる場合が認められている（法人法194条1項）。評議員会の決議の省略が認められる場合においても、同意に係る書面等の保管、備置きが必要であり、評議員は、この書面等につき閲覧または謄写を請求することが認められている（法人法194条3項）。

11　一般財団法人に対する損害賠償責任の免除に関する同意権
　　（法人法198条、112条）

　一般財団法人の場合には、理事らの責任の免責について一般社団法人に関する規定が準用されているが（法人法198条。ただし、法人法117条2項1号ロを除く）、社員総会、社員が存在しないため、社員総会、社員に関する規定は評議員会、評議員として準用されている。評議員は、理事、監事の責任の全部または一部の免除を検討し、判断することができる重要な役割が期待されているが、評議員の判断の誤りについても責任を負う可能性がある。

　一般財団法人の場合には、総評議員の同意があるときは、理事らの任務懈怠による損害賠償責任（法人法198条、111条1項）が免除されるとされ（法人法198条、112条）、評議員が理事らの責任免除に関する同意権を有している。評議員がこの同意を検討するにあたっては、事実関係、法律関係、一般財団法人への影響等の多角的な観点から慎重に検討し、判断することが必要である。

12　一般財団法人に対する損害賠償責任の一部免除権（法人法198条、113条1項）

　一般財団法人の理事らの任務懈怠による損害賠償責任については、前記の免除のほか、一部免除の規定も設けられている。評議員会は、理事らの任務懈怠の損害賠償責任（法人法198条、111条1項）につき、理事らが職務を行うにつき善意でかつ重大な過失がないときは、損害賠償額から最低責任限度額を控除した額を限度として免除することができるとされている（法人法198条、113条1項）。最低責任限度額は、当該理事、監事がその在職中に一般財団法人から職務執行の対価として受け、または受けるべき財産上の利益の1年間当たりの額に相当する額として法務省令で定める方法により算定される額に、代表理事の場合には6を、代表理事以外の理事であって外部理事でないものの場合には4を、外部理事、監事の場合には2を乗じて得た額とされている（評議員会の決議によって免除されるのは、損害賠償額とこの最低責任限度額の差額の範囲内であるということになるから、最大限、最低責任限度額の範囲内で損害賠償責任を負うことになる）。

　評議員会において責任の一部免除の決議をするにあたっては、理事は、責任の原因となった事実および賠償の責任を負う額、免除することができる額の限度およびその算定の根拠、責任を免除すべき理由および免除額を評議員会に開示することが必要であるし（法人法198条、113条2項）、理事の責任の免除に関する議案を評議員会に提出するには、監事（監事が2人以上ある場合には、各監事）の同意を得ることが必要である（法人法113条3項、198条）。理事、監事の責任の一部免除に関する評議員会が開催され、評議員が以上の経過で議決権を行使するにあたっては、事実関係、法律関係、一般財団法人への影響等の多角的な観点から慎重に検討し、判断することが必要である。

13 定款に基づく一般財団法人に対する損害賠償責任の一部免除に関する異議権（法人法198条、114条4項）

　一般財団法人に対する理事らの任務懈怠による損害賠償責任については、前記の各免除のほか、定款の定めによる一部免除の規定も設けられている。一般財団法人は、理事らの任務懈怠の損害賠償責任（法人法198条、111条1項）につき、理事らが職務を行うにつき善意でかつ重大な過失がない場合、責任の原因となった事実の内容、当該理事、監事の職務の執行の状況その他の事情を勘案して特に必要があると認めるときは、前記の免除することができる額を限度として理事会の決議によって免除することができる旨を定款で定めることができるとされている（法人法198条、114条1項）。理事の責任の免除に関する議案を理事会に提出する場合等には、監事（監事が2人以上ある場合には、各監事）の同意を得ることが必要である（法人法198条、114条2項、113条3項）。

　理事会が定款の定めに従って責任を免除する旨の同意をした場合には、理事は、遅滞なく、責任の原因となった事実および賠償の責任を負う額等の一定の事項、責任を免除することに異議がある場合には一定の期間内（1カ月を超える期間）に当該異議を述べるべき旨を評議員に通知することが必要であり（法人法198条、114条3項）、評議員の10分の1（定款でこれを下回る割合を定めることができる）以上の議決権を有する評議員が定められた期間内に異議を述べたときは、定款の定めによる免除をすることができない（法人法198条、114条4項）。評議員は、以上の要件の下で異議権を有している。

14 会計帳簿の閲覧・謄写請求権（法人法199条、121条1項）

　評議員は、議決権の10分の1（これを下回る割合を定款で定めた場合にあっては、その割合）以上の議決権を有する場合には、一般財団法人の

業務時間内は、いつでも、会計帳簿等の閲覧または謄写を請求することができるものであり（法人法199条、121条1項前段）、閲覧・謄写請求権を有している。

15　計算書類の承認権 （法人法199条、126条2項）

理事は、計算書類等を定時評議員会に提出し、または提供することが必要であるが（法人法199条、126条1項）、これは定時評議員会の承認を受けることが必要であるからである（法人法199条、126条2項）。定時評議員会においては、評議員は、提出または提供された計算書類を承認するかどうかを審議し、判断することが必要であり、承認権を有するものである（法人法199条、126条2項）。一般財団法人の計算書類は、一般財団法人の経営、事業に重要な意義をもつだけでなく、一般財団法人と取引を行う第三者にも重要な情報を提供するものであるから、計算書類の承認の有無、当否が重要な意義をもつことになる。評議員の承認が事実関係、評価において誤っていたような場合には、一般財団法人、第三者から損害賠償責任が追及される根拠を提供する可能性がある。

16　計算書類等の閲覧・謄写請求権 （法人法199条、129条3項）

一般財団法人の計算書類、附属明細書は備置き、閲覧等に供されることになっているが（法人法199条、129条）、評議員は、一般財団法人の業務時間内は、いつでも、書面によって作成された計算書類等の閲覧、謄本の交付、抄本の交付等を請求することができ（法人法199条、129条3項）、計算書類等の閲覧・謄写請求権を有している。

17　定款の変更決議権 （法人法200条）

一般財団法人は、その成立後、定款を変更することができるが、この変更は、評議員会の決議によってすることができるものであり（法人法

200条)、評議員は、この決議にあたって議決権を行使して参加することができる。

18 事業の全部譲渡の決議権（法人法201条）

一般財団法人が事業全部を譲渡することができるが、この場合には、評議員会の決議によることが必要であり（法人法201条）、評議員は、この決議にあたって議決権を行使して参加することができる。事業の全部譲渡は、一般財団法人にとって極めて重大な判断が必要な事項であり、その決議が評議員会に委ねられていることは、個々の評議員にとっても重要な判断をすることになる。一般財団法人が事業全部の譲渡をする場合、その必要性、譲渡の内容の合理性、相当性等の事情を慎重に検討し、合理的で妥当な判断をすることが求められるし、譲渡に利害関係を有する者から後日責任を追及される可能性が残る。

Ⅳ 評議員の損害賠償責任

評議員の損害賠償責任については、評議員が不法行為を犯した場合には、損害を被った者に民法709条に基づき損害賠償責任を負うほか、一般財団法人との関係で委任契約上の債務不履行に基づき損害賠償責任を負うことがある。

法人法は、そのほか、法人法第2章第3節第8款（法人法117条2項1号ロを除く）の規定を評議員の損害賠償責任に準用しているから、基本的には理事、監事と同様な損害賠償責任を負うものである（法人法198条）。

具体的に準用されている条文をみると、法人法111条、112条、113条、114条、115条、116条、117条1項・3項、118条の規定が準用されている。評議員は、一般財団法人、第三者に対して損害賠償責任を負うもの

であるが、一般財団法人の責任については、総評議員の同意による責任の全部免除は認められているものの、評議員会の決議による一部免除、理事会による免除に関する定款の定めは認められていない。評議員の責任の免除の範囲、方法が理事、監事とは異なることに注意することが必要である。

　評議員は、従来、評議員会が設置された民法法人においては、任意の機関であり、諮問機関として設置されていたものであり、責任を負う可能性はないとの認識で選任され、理事らの友人、知人、社会的な地位、法人との関係等から就任を承諾することが多く、評議員の数も多く、評議員会に出席する評議員本人が少なく、代理人の出席、委任状等も多かった等の実情にあった（評議員会が民法法人にいわば箔を付ける機能をもっていたことは否定できない）。法人法の下における評議員は、民法法人の下の評議員とは全く権限、義務、責任が異なるものであり、その権限の行使、義務の遂行を誤ると、一般財団法人、第三者に対して損害賠償責任を負う可能性のある機関になっている（特に理事らの不祥事、その兆しが判明したような場合には、適切で的確な権限を行使することが期待されているところがあり、この権限の行使を誤ると、理事らの損害賠償責任のとばっちりとして損害賠償責任を問われ、事情によっては損害賠償責任を負わされる可能性がある）。評議員に就任を打診され、あるいは予定している者は、まず、同じ名称の機関であるが、評議員の権限、義務、責任の内容を的確に理解し、就任を検討し、判断することが重要である。

第7章　責任の追及者と追及の理由・機会

I　理事、監事らに対する損害賠償責任追及の可能性

　理事、監事、評議員は、所属する一般社団法人・公益社団法人、一般財団法人・公益財団法人、取引の相手方らの第三者からさまざまな義務違反、任務懈怠、権限の不正な行使、権限の不正な不行使等を理由に損害賠償責任が追及される可能性がある。理事、監事らに就任することは、一般社団法人・公益社団法人、一般財団法人・公益財団法人の目的を達成するために有意義な業務を遂行することに貢献することが重要な動機であることが多いであろう。理事、監事らに就任する者の多くは、社会的な貢献とか、一般社団法人・公益社団法人、一般財団法人・公益財団法人の業務への賛同といった好意で就任を受諾する者も多いものと推測され、今後も同様に予測される。現実の一般社団法人・公益社団法人、一般財団法人・公益財団法人の経営、事業は、このような動機、好意を裏切らないものであることが多いことも実際であろう。

　しかし、一般社団法人・公益社団法人、一般財団法人・公益財団法人の組織、経営、事業の遂行は、法人法等の法律の観点からみると、理事、監事らの詳細な権限の行使、義務の履行によって行われることになっており、権限の行使・不行使、義務の履行・不履行に伴うさまざまな損害賠償責任のリスクを伴う活動であり、判断行為であるということができる。理事、監事らに就任し、その職務を遂行することは、法的な観点か

らの適否、違法・適法の判断を受けざるを得ないものであり、しかも、後日、一般社団法人らに損失が生じた後に職務の遂行の適否等が問題にされるものである（個々の職務の遂行が終わった後、忘れた頃に問題として指摘され、現実化するものである）。一般社団法人らに対するよい思い出が一瞬にして悪夢に変わる事例があるのも世の中の現実である。

　理事、監事らの損害賠償責任が後日問題にされる頃には、就任当時の理事らに対する信頼、一般社団法人らに対する期待も、理事の交代等の事情によって信頼、期待の基盤が失われていることもあり、他の理事ら、あるいは一般社団法人らの従業員に相談をしたり、問題の解決を依頼したりすることができなくなっていることも少なくない。「弱りめにたたりめ」である。降りかかる責任追及という火の粉は自分で払うほかないのである。

II　損害賠償責任を追及する可能性のある者

　理事らに対する損害賠償責任を追及する可能性のある者は、所属する一般社団法人・公益社団法人、一般財団法人・公益財団法人、これらの法人と取引を行った者等の第三者がいる（第三者は一般社団法人らと取引を行った者に限られるものではなく、事故の被害者等も第三者に含まれるし、一般社団法人・公益社団法人においては社員も損害賠償責任を追及する可能性のある者に含まれる）。理事らの損害賠償責任の追及の可能性がある者は、このように多様で、多数を数えるものであり、一般社団法人・公益社団法人、一般財団法人・公益財団法人の行う業務が広範で規模が大きくなるほど、その可能性が高まるものである。

　一般社団法人らの業務によって損失が発生した場合には、その損失を被った者がそれを受忍しないときは、その業務の検討、判断、遂行の過程に関与した理事らに対して損害賠償責任を追及する可能性が生じるわ

けである。理事らは、その積極的な行為によって関与しただけでなく、不作為によって関与した場合にも損害賠償責任の根拠になりうることに留意することが必要である。理事らの損害賠償責任が現実化し、その追及の可能性が高まるのは、一般社団法人らの業務の遂行によって損失が誰かに発生したときであるが、理事らは、このような損失の発生を予見していないことが多いし、認識していないことが多いから、損害賠償責任の追及の可能性を認識すると、突然の出来事、突然の不幸が到来したように感じることが通常である。突然の出来事に直面すると、理事らは、不快と不安を感じることが多いが、その不快と不安を自分だけで払拭することができない現実に怒ることになる。過去の記憶を呼び起こしても、過去の業務の執行等を反省してみても、何の慰めにもならないのである。理事らとしては、現実に損害賠償責任が追及される事態に備えて、法律専門家に相談する等の対策をとることが最も実効的であり、精神的な安定を取り戻す妙薬である。

III 理事らの損害賠償責任の根拠

　法人法の下においては、理事らは、それぞれ法律上の広範な権限・義務が認められているものであり、その損害賠償責任の要件は抽象的なものが多いことと相まって、損害賠償責任を追及する根拠を主張することが相当に容易になっている。たとえば、法令違反、定款違反を取り上げただけでも、理事らの経営陣の不祥事を完璧に防止することは容易ではないだけでなく、従業員の法令遵守を監視していない事例を見かけることは少なくないものであり、理事らの損害賠償責任の追及の種はあちこちにまかれているのである（過誤の規模、内容、程度を問わなければ、どの一般社団法人らであっても、過誤を完璧になくすことは事実上不可能であろう）。

理事らの損害賠償責任の成否、内容は、最終的には訴訟の場において裁判官の認定、判断によって決着がつくことになっているが、従来の株式会社の取締役らの損害賠償責任をめぐる裁判例を概観すると、裁判例ごとの判断がまちまちであり、訴訟における判断の信頼度は高いとはいいがたい。そもそも日本の民事訴訟の審理において三審制度が採用されていること自体（理事らの損害賠償責任が問題になる民事訴訟は、地裁、高裁、最高裁の三審によって判断されるであろう）、誤った認定、判断がされる可能性が常に存在していることを前提としている。一般社団法人らの理事らの職務を遂行する者のほとんどは、弁護士等の法律専門家でもなく、法律実務家でもないから、損害賠償責任が追及されたり、民事訴訟が提起されたりした場合、その後の手続がどのようになるのか、勝訴・敗訴はどのようにして決まるのか、いつ決着するのか、勝訴判決を得るためにはどのようにしたらよいのか、担当の裁判官はきちんと判断してくれるのかといった基本的で重大な事柄について知識も、経験もないため、不安でいらいらした状況において一層不安と焦りが募ることになる（理事らが弁護士に事件を委任し、弁護士から説明を受けたとしても、理事らの気持を満足させるような助言は得られないのが通常であるし、弁護士も理事らの気持を満足させ、不安を和らげるような助言をすることができる術もないのが通常である）。

　理事らの損害賠償責任の法的な根拠となる権限・義務は相当に抽象的な内容であり、その解釈は裁判官の裁量によって行われるものであるうえ、その権限の行使・不行使が違法であるか、義務の不履行があるか等の判断も、その前提となる証拠の評価、事実関係の認定も裁判官の裁量によって行われるものであるため（証拠の評価、事実関係の認定は、裁判官の自由な心証によって行われることになっている）、その結論はますます不安定になり、予測が困難になるわけである。

Ⅳ 損害賠償責任の追及の兆し

　理事らに対する損害賠償責任の追及は、従来の公益法人、中間法人、株式会社に関する損害賠償責任の事例に鑑みると、一般社団法人らの経営の悪化、破綻、経営をめぐる経営陣の対立、経営陣の不祥事、取引上の損失の発生、経営陣の交替、企業買収等の事態に伴って発生することが多いものと予想されるところであり、これらの事態が損害賠償責任の追及の機会、きっかけを提供するものである。理事らにとっては、これらの事態が発生し、あるいは発生するおそれを認識したような場合には、損害賠償責任の問題が現実化する可能性が一段と高まることになる。

　前記のとおり、一般社団法人らの経営、事業の遂行にあたって過誤の発生は不可避であるところ、理事らに対する損害賠償責任を追及する可能性が現実化するかどうかは、経営の悪化等の責任追及の兆しがあることが重要な指標であるが、例外的に軽微な過誤の事案でも責任追及を選択する者が登場する可能性がある（一般社団法人・公益社団法人における社員代表訴訟は、そのような責任追及の選択を可能にしている）。

　なお、理事らの損害賠償責任の追及の可能性が高いということは、必ずしも理事らの損害賠償責任が認められる可能性が高いということにはならない。理事らの損害賠償責任が追及され、最終的に訴訟においてその責任が肯定されるような事態に陥ることは最も不幸な事態であるが、仮に訴訟において損害賠償責任を否定する判決を得たとしても（地裁で敗訴し、高裁で勝訴することがあるし、高裁で敗訴し、最高裁で勝訴することもある）、その責任の追及、訴訟への応訴に伴う不利益は相当に重大なものであり（事情によっては深刻であることがある）、決して軽視することはできないのである。

V 理事らの所属する一般社団法人、一般財団法人からの損害賠償責任追及

　理事らの損害賠償責任は、第三者から追及されるだけでなく、所属の一般社団法人・公益社団法人、一般財団法人・公益財団法人からも追及されることがある。一般社団法人、一般財団法人らが理事らの損害賠償責任を追及する場合には、その追及が必要であると判断した理事らの経営陣に相当な決意があることが通常であるうえ、一般社団法人らが追及の対象である理事らの権限の行使・不行使、義務の不履行等に関する証拠を相当に保有しているものである。損害賠償責任を追及される理事らにとっては、理事らの就任当時の好意、情誼、人間関係、過去のよき思い出が交錯し、第三者から追及される場合よりも一層怒りと失望が感じられることになる。

　また、冷静になって事態を分析しても、前記のとおり、理事らの損害賠償責任の前提となる事実関係を立証する証拠を豊富に握られている可能性があるため、第三者から追及される場合よりも、理事らは、訴訟においても敗訴の可能性が高いことになる。理事らが一般社団法人、一般財団法人らから損害賠償責任が追及されるに至った場合、現在の経営陣に友人、知人の理事らがいたとしても、相談をもちかけることができないだけでなく、不要な情報を提供するおそれがあり、より一層孤独感が募ることになる。

VI 理事等に就任する際の責任追及のリスク

　法人法の下においては、理事らの損害賠償責任が認められるかどうかは別として、責任追及を行う者を拡大し、責任追及の機会を広く提供し

ているものであり、理事らに就任を打診され、就任を検討している者は、この責任追及のリスクを十分に理解し、就任を判断することが重要である。

　また、仮に理事らに就任した場合には、責任の内容を十分に理解したうえ、日頃から責任追及を防止、防衛する諸般の対策を構築し、実施することが賢明である（一般社団法人らの関係者、理事らに推薦してくれた者が責任を回避してくれるとか、責任追及から防衛してくれるなどの勝手な思い込みは禁物である）。自らの責任は、自ら防衛しなければならないのである。法律実務の世界では、損害賠償責任への対応を他人任せにすることは最もリスクが高いのである（他人任せは禁物である）。

　一般社団法人・公益社団法人、一般財団法人・公益財団法人の理事らに就任する者は、前記のとおり、理事らの友人、知人、社会的な地位、法人との関係等から就任を承諾することが多く、しかも法的な責任とは関係の乏しい職歴、生活歴を有する者が少なくないことから、損害賠償責任が追及された場合における対応が心理的にも、事務処理上も適切に行うことが困難であることが予想される。そもそも一般社団法人、一般財団法人における理事、監事らの権限、義務、職責は、法人法の諸規定、職責の遂行に関連する法令の諸規定、関連する従来の判例、裁判例によって定められているものであるが、理事らに就任した者が就任の前後を通じて、これらの諸規定等につき十分な知識、あるいは相当な知識を得ること自体少ないものである。

　また、理事らとしての日頃の権限の行使、義務の履行、職責の遂行にあたって、一般社団法人らの業務への効果だけでなく、一般社団法人、一般財団法人、取引の相手方らの第三者への損得、ひいては損害賠償責任の追及の可能性につきどの程度の認識があるかも疑問である（リスクの認識がないところ、リスクが現実化した場合には、著しい不安におそわれることがある）。さらに、理事らは、精神的にも、社会的な地位からも、

リスクへの対応がないか、他人任せになっていることもその権限の行使等による損害賠償責任への対応が適切に行われない可能性がある。

　一般社団法人、一般財団法人らの理事らに就任し、その権限の行使、義務の履行、職責の遂行を行うことは、見方を変えると、理事らの権限の行使等に伴う損害賠償責任のリスクをどのように軽減し、さらに消滅させるかということであり、理事らにとっては、そのような事務処理を理事らの在任中継続して行うことがリスクを軽減し、現実化することを防止する観点から重要である。

Ⅶ　クレーマーへの対応

　さらに、理事らに対する損害賠償責任の追及については、近年、社会全体で顕著に見られるクレーマー、モンスター・クレーマーの横行の傾向にも注意を払っておくことが重要である。

　社会においては、一般社団法人・公益社団法人、一般財団法人・公益財団法人、あるいは従来の民法法人の業務だけでなく、さまざまな事業活動において膨大な数のクレーム等がつけられているのが現状である。クレームの内容、態様、つけ方は年々変化しつつあり、その対応、処理もその変化に応じて柔軟に対応、処理することが重要になっているが、一般社団法人らの業務、事業に対するクレーム等は、社会全体にみられるクレーム等、背景事情をよく反映しているものであり、特に近年はモンスター・クレーマーも登場している。

　現代社会におけるクレーム等の特徴は、
　① 権利主張の社会になっていること
　② クレームが常識になっていること
　③ クレームに対する障害、躊躇がなくなっていること
　④ 自己主張の社会になっていること

⑤　権威が喪失した社会になっていること
⑥　聖域が消滅した社会になっていること
⑦　高度情報化社会になっていること
⑧　告発型の社会になっていること
⑨　モラル、常識の相対化、低下した社会になっていること
⑩　自己の損失を他人に転嫁することが当然であるとの認識が広まっていること

などが挙げられ、これらの諸事情がクレームに色濃く反映している。

クレーム等は、これをつける現代社会に生活する人の特徴も色濃く反映しているものであり、

①　公共、公益の意識が乏しいこと
②　共通の常識が存在しないこと
③　常識が大きく変化していること
④　常識が相対化していること
⑤　常識が行動の基準としての機能を喪失つつあること
⑥　共通のモラルが存在しないこと
⑦　共通の言葉がないこと
⑧　共通の基盤に立った会話が成立しづらくなっていること
⑨　共通の信頼感の前提が欠けていること
⑩　とことん自己中心的であること
⑪　権利の主張に伴う義務の観念が存在しないこと
⑫　情報依存型の人間が支配的であること
⑬　権威に対する挑戦するポーズに好意的であること
⑭　自分の負担、自分の損失の他人転嫁に熱心であること
⑮　社会全体に変化の意識が強いこと

などの諸事情が見られる。

クレーマーの中には、根拠もなくクレームをつける者、執拗にクレー

ムをつける者、加害行為に及ぶクレーマーがモンスター・クレーマーと呼ばれて登場し、増加しているが、モンスター・クレーマーを取り巻く社会環境として、

① クレームが推奨されていること
② クレーム対応に不慣れな業界が多いこと
③ クレームによって経済的な利益が得られること
④ クレームによる心理的な満足感が得られること
⑤ クレームの手段・方法は手軽で、簡便で、多様であること、特にインターネット等の発展がクレームに拍車をかけていること
⑥ クレームによる成功体験が新たなクレームを誘発すること
⑦ 根拠のないクレームであっても、真摯な対応が得られること

などの事情が見られる。モンスター・クレーマーの登場、流行は、現代社会を反映した現象であり、社会の鏡である。

　理事らが損害賠償責任を追及される場合、事実関係、法律関係の観点から一応の理由が認められることもあるが、その理由が乏しく、あるいは理由がないようなときも少なくないところ、社会全体のクレーマー、特にモンスター・クレーマーの登場と流行の現象に照らすと、理事らに対して責任を指摘し、追及する者がこのような性格を有する場合には、責任の指摘、追及が始まった後、その責任の疑念を払拭することは相当に困難になっている。このような場合、理事らとしては、訴訟の提起を認識し、そのための現実的な対策を講じることが重要であり、単に説明すれば理解してもらえるなどとの期待をもたないほうがよいことになる。

第8章　訴訟の実態と訴訟対策の実務

I　訴訟の実態

　理事らが一般社団法人らの業務に関係して損害賠償責任を追及される概要については前記のとおりであるが、最終的には損失を被った一般社団法人・公益社団法人、一般財団法人・公益財団法人、第三者から損害賠償を請求する訴訟が提起され、訴訟の勝敗によって決着することになる。

　損害賠償請求訴訟が提起するまでの過程については前記のとおりであるが、理事らの権限の行使・不行使等が問題になり、訴訟が提起されるまでには相当の期間があり、その間、責任を指摘された理事らは、あれこれの可能性を憶測し、心理的、事務処理上、さらに人間関係上さまざまな負担を強いられる（誰を被告として訴訟を提起するかは、原告が選択することができるものであり、複数の理事らの中から特定の理事らのみが被告とされて訴訟が提起されると、理事らの間に不公平感が生じることがある）。仮に訴訟が提起されなかったとしても、責任を指摘されたこと自体、理事らのプライド、自信を傷つけるものであるし、無視できないストレスを受けるものである。

　損害賠償請求訴訟が提起された場合、どのように訴訟に対応するかは、訴訟の実態を十分に認識していないと、適切な対応が困難になり、対応の不適切さが敗訴判決の原因の一つになる可能性がある。訴訟代理人の選任だけを取り上げても容易な事柄ではない。訴訟が提起された場合、

理事らの知人らである弁護士、保険会社の推薦する弁護士を訴訟代理人に選任し、訴訟の追行を委任することが多いが、理事ら本人にとっても、訴訟代理人にとっても思いどおりに訴訟が進行しないのが通常であり、訴訟の進行につれ、理事らと訴訟代理人との間に認識の齟齬、方針の対立が生じるだけでなく、裁判所、原告（訴訟代理人）との対応に理事ら本人が不満を抱くことは珍しいことではない（むしろ通常の事態というべきである）。これらの齟齬、対立、不満を解消させつつ、訴訟を進行させることが必要であるが、知人の弁護士を訴訟代理人に選任した場合には、個人的な信頼関係が強すぎるために、理事ら本人と弁護士との間に相互の甘え、依存関係が生じる可能性があり、このことが逆に不信を呼び、不満を増大させる可能性もある（有能な弁護士であっても、自分の巻き込まれた法律問題については決して有能さを発揮できないが、近い友人の場合にも、事務処理上の客観性を維持することが困難であることがある）。

　訴訟は、相当の期間継続する手続であり、その間、原告側、裁判所との間でさまざまな主張、立証活動を行うことが必要であるが、原告の主張、立証の内容が腹立たしいだけでなく、自己の主張、立証が思いどおり行うことが困難であったりして、理事ら本人がさらに不満を募らせ、訴訟代理人に対して訴訟に伴う不満を蓄積させることが生じがちである。訴訟代理人が依頼者の言い分を主張しなかったり、依頼者の言い分を排斥したりすると、理事ら本人と訴訟代理人との間には一層緊張した関係が生じることになる（訴訟の進行が思いどおりに進行しないと、敗訴判決の可能性がちらつくようになり、判決の結果に対する不安も生じることになる）。このような不満を訴訟代理人にぶつける事態も生じるわけであるが、売り言葉に買い言葉であり、理事ら本人、弁護士の双方が普段は冷静な性格であっても、不満をぶつけた後には再びその前の信頼関係は見られないのが通常である。理事らの責任について保険がかけられ、弁護士の費用、報酬が保険によってまかなうことができるといっても、諸経

費のすべてが保険でまかなわれるものではないし、弁護士の報酬も一定の金額は自己負担になっているのであって（保険契約上の免責額が定められている）、相当の金銭的な負担を理事らが強いられることになる。しかも、損害賠償請求訴訟を提起された理事らの負担、不利益は金銭的なものにとどまらないだけでなく、ごく一部にすぎないのが実情である。

II 訴訟の結論を予測することの困難さ

　理事らが損害賠償請求訴訟を提起され、弁護士に事件を委任した場合、勝訴・敗訴の予測を質問することが通常であり、弁護士によってその回答はさまざまであるが、個々の事案の証拠等の特徴を捨象しても、容易に予測することできるものではない。弁護士が大丈夫である旨の回答をしても、その回答の信頼度は高いとはいえない。勝訴・敗訴の判決の結論に影響を与える事情は多様であり、単に主張、立証の内容によって結論が決まるものではないし、参考になる裁判例が存在してもそれによって結論が決まるものでもない。勝訴・敗訴の判決の結論に影響を与える諸事情のうち、担当裁判官の能力、知識、経験、洞察力、人格・性格、常識等は外部から容易に把握することができないだけでなく、重要な影響、事件によっては決定的な影響を与えるものである。

　理事らの損害賠償責任を追及する訴訟において、理事らの訴訟代理人が主張、立証の努力をし、相当に有利であると思われる事実関係、法律関係の主張、立証を展開したとしても、他に多くの不確定、不明確な事情が勝訴・敗訴の判決の結論に影響を与えるものであるから、その予測は相当に困難であるのが実情である。被告となった理事らとしては、主張、立証の努力を訴訟の審理の最終時点（高裁における口頭弁論の終結時）まで続けることが重要であり、これで十分であるなどといった根拠のない安堵感を抱くことは禁物である（安堵感を抱くこと自体、敗訴のリ

スクを増大させるものである)。

III　応訴した場合の対応

1　理事らの置かれる諸状況

　訴訟の提起を受けて応訴した場合における理事らの置かれた状況について、訴訟の実態を踏まえてざっと紹介しただけでも、このように相当に深刻な状況である（訴訟の実態を詳細に紹介するとなると、通常の人にとっては、本書はとても読むに耐えない代物になる。訴訟においては正義が勝つなどと根拠もない思込みをしないことも大切である）。このような状況は、第一審の訴訟だけでなく、控訴審でも継続するものであるし、具体的な主張、立証活動の実態を踏まえたさまざまな準備、活動を紹介すると、理事らにとってはさらに重大な負担を強いられることになる。このような重大な負担は、勝訴判決を得た場合であっても、負担せざるを得ないものであり、敗訴判決を受けた場合には、敗訴判決に伴うさらに深刻な負担を強いられることになる。
　従来の株式会社の取締役らの損害賠償責任をめぐる裁判例を概観すると、前記のとおり、裁判例ごとの認定、判断がまちまちであり、訴訟における判断の信頼度は高いとはいいがたし、そもそも日本の民事訴訟の審理につき三審制度が採用されていること自体、誤った認定、判断がされる可能性が常に存在していることを前提としている。理事らのほとんどは、法律専門家でもなく、法律実務家でもないから、損害賠償責任が追及されたり、民事訴訟が提起されたりした場合、その後の手続がどのようになるのか、勝訴・敗訴はどのようにして決まるのか、いつ決着するのか、勝訴判決を得るためにはどのようにしたらよいのか、担当の裁判官はきちんと判断してくれるのかといった基本的で重大な事柄につ

いて知識も、経験もないため、不安でいらいらした状況において一層不安と焦りが募ることになる。この不安と焦りは、訴訟の係属中には常に湧き上がるものであるし、勝訴判決を得て確定するまで続くことになる（敗訴判決を受けたり、裁判官に主張、立証上の弱点を指摘されたりすると、根拠のないものであっても、不安と焦りは著しく高まることになる）。

　第一審の訴訟で敗訴判決があっても、控訴審で勝訴判決を得れば、勝訴は勝訴であるなどと説明するのは、訴訟の実態を知らない者の戯言にすぎない。敗訴判決を受けて、控訴審で勝訴判決を得るためには、理事ら本人の心理的な負担、経済的な負担、人間関係上の悪影響等のさらに重大な負担の大波が押し寄せてくるものであり、筆舌に尽くしがたい。誤った判決も判決であるため、その誤りを正すには、訴訟の当事者、代理人は他人には語れない負担と苦悩を強いられることになる。

2　具体的な諸対策

　いったん訴訟が提起されると、理事らは、応訴せざるを得ないものであり（応訴しなければ、たちまち敗訴判決を受けることになる）、その主導権は原告が握っているのである。このような事態に陥らないためには、訴訟が提起してから対策を練っても、時はすでに遅いのである。理事らへの就任を打診された際から対策を検討し、実施することができるものは速やかに実施しておくことが重要である。

　具体的には、①就任の打診の段階、②就任の説明の段階、③就任の段階、④日頃の権限の行使等の職責遂行の段階、⑤非公式な会議の段階、⑥理事会の段階、⑦社員総会の段階、⑧評議員会の段階、⑨決算の段階、⑩一般社団法人らの内部に問題が発生した段階、⑪問題調査の段階、⑫責任追及の可能性が生じた段階、⑬訴訟提起の段階、⑭訴訟追行の段階に分けて、それぞれ対策を講じておくことが重要である。これらの対策と努力の積重ねが勝訴判決をより確実にするものであり、勝訴判決の可

能性を高めることになる。

　これらの諸対策は、法人法等の法令における理事らの権限、義務、職責を相当程度に理解することを前提とし、理事らの責任免除の方策をとったうえ、訴訟の実態を踏まえて訴訟対策を講じることが基本である。具体的には前記の各段階ごとに検討し、対策を立てることになるが、訴訟対策は訴訟が提起されてから立てるものではなく、理事らに就任する段階から必要で可能な対策を講じることが重要であるし、理事らに在任中には適正に権限を行使する等が必要であるだけでなく、日頃から権限行使等に関係する証拠を保存しておくことが極めて重要である。

3　就任時の心構え

　友人・知人の依頼によって理事らに就任した場合、いざという非常時に友人・知人は援助ができない立場にあることが多いし（援助しない者も多い）、信用できる一般社団法人らであっても、経営が悪化したり、経営陣が交替したりしたような場合には、前の経営陣らの責任を追及する可能性が相当に高まる。友人・知人も昔のままではないし、一般社団法人らも昔のままではない。善意の理事らへの就任、友好的な理事としての勤務は、損害賠償責任が追及された場合には、何らの反論にもならないのである。理事らの損害賠償責任を突き詰めると、理事らに就任した際の心理的な油断と人間関係上の友誼が最も重大なリスクになっている。

　さらに、理事らの損害賠償責任は、その大半は10年間の消滅時効にかかるものであるが、理事らが死亡した場合、その責任（正確には損害賠償債務という金銭の支払債務である）は相続人に相続されるものであるから、死亡した後、相続人にも迷惑をかけることになる（株式会社の場合には、取締役の損害賠償責任が取締役の死亡後に相続人に対して追及された事例は少なくない）。理事らが死亡する前に損害賠償責任が現実に問題に

なっているような場合には、相続の放棄、限定承認（民法915条以下）によってその責任を回避することができるが、死亡後相当の年月を経て現実化した場合には、損害賠償責任を承継することにならざるを得ないため、推定相続人に対するリスクに配慮することも無視できない。

第9章　後悔しないために

　一般社団法人らの理事等に就任し、公益のために活動することは、相当に社会的な意義のあることであるが、予想外の損害賠償責任の追及を受けたり、運悪く損害賠償責任が認められるような事態に陥ることは誠に不幸なことである。後悔は、どのようにしても先には立たないものである。社会的に意義のある活動をし、かつ最後に後悔しないよう日頃から注意を払っておくことが重要である。後悔しないためのいくつかの注意点を最後に列挙しておきたい。

① 友人・知人の依頼のみによって理事等に就任していないか。友人・知人が理事等に就任している場合には、理事等の業務執行を公平、中立に評価することができるか。
② 理事等の権限、義務、職責の概要を十分に理解しているか。
③ 理事等としての損害賠償責任を軽減する等の措置がとられているか。これらの措置を利用しているか。
④ 理事等として就任する一般社団法人・公益社団法人、一般財団法人・公益財団法人、理事等の信用、評判を認識しているか。
⑤ 理事等として就任する一般社団法人・公益社団法人、一般財団法人・公益財団法人の事業の内容、会計の内容を理解しているか。
⑥ 理事等として就任する一般社団法人らの経営者、従業員の概要、職歴・職務遂行を理解しているか。
⑦ 法人法等の関係する法令の概要を理解しているか。

⑧　理事等として判断をするにあたって、判断事項の前提となる事実の確認に努め、議論をしたうえで判断をしているか。適切な事実の確認、十分な議論、相当な判断をするよう努めているか。その過程を書面で残すようにしているか。

⑨　理事等として審議事項等につき積極的に検討し、発言する等、合理的で妥当な言動、判断をしているか。権限の行使等を他人任せにしていないか。

⑩　理事等としての検討、言動、判断が合理的で妥当なものであることを示す証拠を常に作成させ、常に保存しているか。

⑪　一般社団法人らの内部の情報に常に気をつけているか。

⑫　一般社団法人らの事業の内容・動向、理事等の職務の遂行状況に気をつけているか。

⑬　一般社団法人ら、理事等の不祥事等が判明した場合、合理的で妥当な言動、判断をしているか。不祥事等の隠蔽に加担していないか。

⑭　常に法令、定款の内容を確認しているか。法令の遵守を重視しているか。

⑮　法律問題が生じたときは、顧問弁護士等の法律専門家の助言を得て、その助言内容を証拠として保管しているか。

⑯　会計問題については、会計士の意見を徴し、その意見内容を証拠として保管しているか。

⑰　理事等として在職中の職務遂行に関係する書類は、退任または辞任後、10年間は保存しているか。

【判例索引】

・本文中で〔裁判例〕として取り上げて解説をしている判例はゴシック体、それ以外のものは明朝体とした。

〔最高裁判所〕

最二小判昭和34・7・24民集13巻8号1156頁、判時195号20頁 …………………82
最一小判昭和37・3・15民集59号223頁 …………………………………………82
最三小判昭和37・8・28集民62号273頁 …………………………………………82
最三小判昭和38・10・4民集17巻9号1170頁 ……………………………………82
最二小判昭和41・4・15民集20巻4号660頁、判時449号63頁 …………………82
最三小判昭和42・3・7集民86号457頁 ……………………………………………82
最三小判昭和44・5・27金判167号5頁 ……………………………………………82
最大判昭和44・11・26民集23巻11号2150頁、判時578号3頁 ………………82,83
最一小判昭和45・3・26判時590号75頁 …………………………………………82
最大判昭和45・6・24民集24巻6号625頁 ………………………………………109
最一小判昭和45・7・16民集24巻7号1061頁、判時602号86頁 ………………82
最一小判昭和47・6・15民集26巻5号984頁、判時673号7頁 …………………82
最三小判昭和47・10・31判時702号102頁 ………………………………………82
最三小判昭和48・5・22民集27巻5号655頁、判時707号92頁 …………………83
最三小判昭和49・12・17民集28巻10号2059頁、金法745号32頁 ……………97
最一小判昭和51・6・3金法801号29頁 ……………………………………………83
最三小判昭和51・10・26金法813号40頁 …………………………………………83
最三小判昭和53・12・12金法884号27頁 …………………………………………83
最三小判昭和54・7・10判時943号107頁 …………………………………………83
最三小判昭和55・3・18判時971号101頁 …………………………………………83
最一小判昭和59・10・4判時1143号143頁 ………………………………………83
最一小判昭和62・4・16判時1248号127頁 ………………………………………83
最三小判昭和63・1・26金法1196号26頁 …………………………………………83
最三小判昭和63・1・26民集42巻1号1頁、判時1281号91頁 ……………188,189
最一小判平成5・9・9民集47巻7号4814頁 ……………………………………152
最三小判平成9・9・9判時1618号138頁 …………………………………………83
最二小判平成12・7・7民集54巻6号1767頁、判時1729号28頁、
 判タ1046号92頁、金法1597号75頁、金判1096号3頁 …………………155

229

最三小判平成17・2・15判時1890号143頁、判タ1176号135頁 ……………173
最二小判平成18・4・10民集60巻4号1273頁、判時1936号27頁、
　判タ1214号82頁、金判1249号27頁 ………………………115, 131, 140
最二小判平成20・1・28判時1995号151頁 …………………………………97
最一小判平成21・7・9判時2055号147頁 …………………………………149
最二小判平成21・11・27判時2067号136頁 ………………………………172
最一小判平成22・7・15判時2091号90頁 …………………………………136

〔高等裁判所〕

東京高判昭和51・3・31判タ339号280頁 …………………………………174
東京高判昭和54・7・16判時945号51頁 ……………………………………190
福岡高判昭和55・10・8高民集33巻4号341頁 ……………………………138
東京高判昭和56・7・16判タ452号161頁 …………………………………174
大阪高判昭和61・5・20判時1206号125頁 …………………………………95
東京高判平成元・7・3商事法務1188号36頁 ……………………………151
大阪高判平成4・1・28判タ792号176頁 …………………………………190
東京高決平成7・2・20判タ895号252頁、金判968号23頁 ……………183
名古屋高決平成7・3・8判時1531号134頁、判タ881号298頁、金判965号28頁 …184
高松高決平成7・8・24金判997号25頁 ……………………………………184
東京高判平成7・9・26判時1549号11頁、判タ890号45頁、金法1435号46頁、
　金判981号8頁 ………………………………………………………………153
名古屋高決平成7・11・15判タ892号121頁、金判983号10頁 …………185
大阪高決平成9・8・26判時1631号140頁 …………………………………188
大阪高決平成9・11・18判タ971号216頁 …………………………………188
名古屋高判平成10・9・29判時1678号150頁 ……………………………154
東京高判平成11・1・27金判1064号21頁 …………………………………155
東京高判平成13・12・26判時1783号145頁 ………………………………165
東京高判平成14・4・25判時1791号148頁、金判1149号35頁 …………121, 138, 143
東京高判平成15・3・27金判1172号2頁 …………………………………112, 122
大阪高判平成16・5・25判時1863号115頁 …………………………………95
東京高判平成16・6・24判時1875号139頁 ………………………………126
東京高判平成16・12・21判タ1208号290頁 ………………………………102, 127
福岡高判平成17・5・12判タ1198号273頁 ………………………………168

名古屋高金沢支判平成17・5・18判時1898号130頁 …………………………………… 88
大阪高判平成17・9・29判時1925号157頁 …………………………………………… 89
名古屋高金沢支判平成18・1・11判時1937号143頁 ………………………………… 131
札幌高判平成18・3・2判時1946号128頁 …………………………………… 131, 140
大阪高判平成18・6・9判時1979号115頁 ………………………… 105, 133, 140, 173
大阪高判平成19・1・18判時1980号74頁 ……………………………………………… 90
大阪高判平成19・1・18判時1973号135頁 ……………………………………… 105, 133
大阪高判平成19・3・15判タ1239号294頁 ………………………………… 106, 133, 139
東京高判平成20・4・23金判1292号14頁 ………………………………………… 117, 135
東京高判平成20・5・21判タ1281号274頁、金判1293号12頁 ………… 107, 135, 149
東京高判平成20・5・21判タ1281号274頁、金判1293号12頁 ……………… 140, 173
東京高判平成20・10・29金判1304号28頁 ……………………………………………… 140

〔地方裁判所〕

横浜地判昭和51・10・19判タ357号310頁 ……………………………………………… 95
東京地判昭和52・8・24判タ372号141頁 …………………………………………… 174
仙台地判昭和52・9・7判時893号88頁 ……………………………………………… 159
新潟地判昭和52・12・26判タ369号383頁 …………………………………………… 174
京都地判昭和55・10・14判タ427号186頁 …………………………………………… 95, 174
東京地判昭和55・11・26判時1011号113頁 ………………………………………… 174
東京地判昭和56・11・27判タ463号133頁 …………………………………………… 174
大阪地判昭和57・3・29判タ469号251頁 …………………………………………… 174
東京地判昭和58・2・24判時1071号131頁 …………………………………………… 95, 174
東京地判昭和60・8・30判時1198号120頁 …………………………………………… 159
東京地判昭和61・5・29判時1194号33頁 …………………………………………… 151
神戸地判昭和62・5・27判タ661号240頁 …………………………………………… 174
大阪地判昭和63・1・29判時1300号134頁 …………………………………………… 159
高知地判平成2・1・23金判844号22頁 ……………………………………………… 181
東京地判平成2・1・31金判858号28頁 ……………………………………………… 174
長崎地判平成3・2・19判時1393号138頁 …………………………………………… 178
大阪地判平成2・2・28判時1365号130頁、判タ737号219頁 ……………………… 151
東京地判平成3・4・18金判876号30頁 ……………………………………………… 152
京都地判平成3・4・23判タ760号284頁 …………………………………………… 190

231

山口地判平成3・4・25判タ760号241頁……………………………………………95
東京地判平成3・5・7判タ777号165頁……………………………………………174
東京地判平成3・9・6判タ788号242頁……………………………………………190
東京地判平成4・11・27判時1466号146頁…………………………………………174
東京地判平成5・9・16判時1496号25頁、判タ827号39頁、金法1369号37頁、
　　金判928号16頁…………………………………………………………………138, 153
東京地判平成5・9・21判時1480号154頁…………………………………………139
名古屋地決平成6・1・26判時1492号139頁、金判947号30頁……………………183
東京地判平成6・2・23判タ868号280頁……………………………………………160
大阪地判平成6・3・1判タ893号269頁……………………………………………160
東京地決平成6・7・22判タ867号126頁、金判955号15頁………………………183
東京地決平成6・7・22判タ867号143頁、金判955号28頁………………………183
東京地判平成6・7・25判時1509号31頁……………………………………………174
東京地決平成6・12・22判時1518号3頁、判タ864号286頁………………………153
名古屋地決平成7・2・28判タ877号288頁…………………………………………184
東京地判平成7・7・26判時1558号45頁……………………………………………190
浦和地決平成7・8・29判時1562号124頁、判タ894号254頁……………………185
東京地判平成7・10・9判時1575号81頁……………………………………………190
東京地判平成7・10・26判時1549号125頁、判タ902号189頁……………139, 140
神戸地尼崎支判平成7・11・17判時1563号140頁、判タ901号233頁……………141
福岡地判平成8・1・30判タ944号247頁……………………………………………139
東京地判平成8・2・23判時1578号90頁……………………………………………190
東京地判平成8・3・28判時1584号139頁…………………………………………174
東京地判平成8・6・20判時1578号131頁…………………………………………181
東京地決平成8・6・26金法1457号40頁…………………………………………185
大阪地決平成8・8・28判時1597号137頁、判タ924号259頁……………………186
大阪地決平成8・11・14判時1597号149頁…………………………………………186
浦和地判平成8・11・20判タ936号232頁……………………………………………97
名古屋地判平成9・1・20判時1600号144頁………………………………………138
大阪地決平成9・3・17判時1603号134頁…………………………………………187
大阪地決平成9・3・21判時1603号130頁、判タ941号259頁……………………187
大阪地決平成9・4・18判時1604号139頁…………………………………………187
静岡地判平成9・11・28判時1654号92頁…………………………………………161

東京地判平成10・2・27判タ1028号210頁……………………………………………190
東京地判平成10・5・14判時1650号145頁、判タ976号277頁、金判1043号3頁……154
東京地判平成10・7・13判時1678号99頁……………………………………………73
名古屋地判平成10・10・26判時1680号128頁………………………………………162
東京地判平成11・3・4判タ1017号215頁……………………………………………146
東京地判平成11・3・26判時1691号3頁………………………………………………174
横浜地判平成11・6・24判時1716号144頁……………………………………………85
札幌地浦河支判平成11・8・27判タ1039号243頁……………………………………162
大阪地判平成12・5・24判時1734号127頁……………………………………………163
大阪地判平成12・5・31判時1742号141頁………………………………………77,173
大阪地判平成12・6・21判時1742号146頁……………………………………………78
東京地判平成12・6・22金判1126号55頁………………………………………………180
浦和地判平成12・7・25判時1733号61頁………………………………………………163
大阪地判平成12・9・8判時1756号151頁………………………………………………163
大阪地判平成12・9・20判時1721号3頁…………………………………………146,173
大阪地判平成12・11・13判時1758号72頁……………………………………………164
東京地決平成12・12・8金判1111号40頁……………………………………………130
東京地判平成13・1・18判時1758号143頁、金判1119号43頁……………………141,173
東京地判平成13・3・29判時1750号40頁…………………………………………110,118
大阪地判平成13・5・28判時1768号121頁、金判1125号30頁……………………118,164
東京地判平成13・5・31判時1759号131頁……………………………………………165
東京地判平成13・7・26判時1778号138頁、金判1139号42頁……………………119,142
名古屋地判平成13・10・25判時1784号145頁、金判1149号43頁………………………157
東京地判平成13・11・5判時1779号108頁……………………………………………139
大阪地判平成13・12・5金判1139号15頁…………………………………………119,139
大阪地判平成14・1・30判タ1108号248頁……………………………………110,120,142
松山地判平成14・3・15判タ1138号118頁…………………………………………111,120
山形地判平成14・3・26判タ1801号103頁……………………………………………165
東京地判平成14・4・25判時1793号140頁……………………………………………139
東京地判平成14・7・18判時1794号131頁……………………………………………139
札幌地判平成14・9・3判時1801号119頁……………………………………………139
東京地判平成14・9・26判時1806号147頁……………………………………………111
東京地判平成14・10・31判時1810号110頁……………………………………………139

東京地判平成14・12・25判タ1135号257頁 ……………………………………86
水戸地下妻支判平成15・2・5判時1816号141頁 ………………………………139
福井地判平成15・2・12判時1814号151頁、判タ1158号251頁 ………………121
東京地判平成15・2・27判時1832号155頁 ………………………………………86
大阪地判平成15・3・5判時1833号146頁 ………………………………………122
東京地判平成15・3・19判時1844号117頁 ………………………………………87
大阪地判平成15・5・9判時1828号68頁 …………………………………………166
東京地判平成15・5・12金判1172号39頁 ……………………112, 122, 139, 178
札幌地判平成15・9・16判時1842号130頁 ………………………………………123
大阪地判平成15・9・24判時1848号134頁、判タ1144号252頁 ……124, 138, 173
金沢地判平成15・10・6判時1898号145頁 ………………………………………87
大阪地判平成15・10・15金判1178号19頁 …………………………………113, 124
東京地判平成16・3・25判時1851号21頁 …………………………………………139
東京地判平成16・3・26判時1863号128頁 ………………………………………139
札幌地判平成16・3・26判タ1158号196頁 ………………………………………139
東京地判平成16・5・20判時1871号125頁 ……………………100, 125, 143, 147
東京地判平成16・5・20判時1871号125頁 ………………………………………173
東京地判平成16・7・2判時1868号75頁 …………………………………………167
東京地判平成16・7・28判タ1228号269頁、金法1759号62頁、金判1239号44頁
　………………………………………………………………………100, 126, 139, 180
大阪地判平成16・7・28判時1877号105頁 ………………………………………167
大阪地判平成16・7・28判タ1167号208頁 ………………………………………139
東京地判平成16・9・28判時1886号112頁 ………………………………………139
横浜地判平成16・10・15判時1876号91頁 ………………………………………139
東京地判平成16・12・16判時1888号3頁、判タ1174号150頁、金判1216号19頁
　……………………………………………………………………………101, 127, 148, 173
大阪地判平成16・12・22判時1892号108頁 ………………………………102, 128, 173
東京地判平成17・1・27判時1929号100頁 ………………………………………174
大阪地判平成17・2・9判時1889号130頁、判タ1174号292頁 ……………103, 128
東京地判平成17・2・10判時1887号135頁 ………………………………………173
東京地判平成17・2・25判時1935号94頁 …………………………………………190
東京地判平成17・3・3判タ1256号179頁 ……………………………103, 114, 129
東京地判平成17・3・3判時1934号121頁 …………………………………………139

東京地判平成17・3・10判タ1228号280頁、金判1239号56頁·········104,130,138,180
東京地判平成17・3・17判タ1182号226頁·································168
東京地判平成17・6・14判時1921号136頁································114,130
東京地判平成17・6・27判時1923号139頁·······························78,88,93,174
東京地判平成17・11・29判タ1209号274頁·······························174
大阪地判平成18・2・23判時1939号149頁、金判1242号19頁···············94,173
東京地判平成18・2・27判タ1235号236頁································190
青森地判平成18・2・28判時1963号110頁································169
東京地判平成18・4・13判タ1226号192頁·······························104,132,139
大阪地判平成18・4・17判時1980号85頁·································89,132
東京地判平成18・4・26判時1930号147頁································158
東京地判平成18・9・25判タ1221号289頁·······························190
鹿児島地判平成18・9・29判タ1269号152頁······························169
東京地判平成18・11・9判タ1239号309頁································139
東京地判平成18・12・12判時1981号53頁·································73
佐賀地判平成19・6・22判時1978号53頁·································170
盛岡地判平成19・7・27判タ1294号264頁·······························116,134,170
東京地判平成19・9・12判時2002号125頁································171
東京地判平成19・9・27判時1986号146頁、金判1278号18頁···········79,106,139,179
東京地判平成19・11・26判時1998号141頁································148
名古屋地豊橋支判平成19・12・21判タ1279号252頁························190
大阪地判平成20・1・21判時2015号133頁、判タ1284号282頁···············90
那覇地判平成20・6・25判時2027号91頁·································171
東京地判平成20・12・15判タ1307号283頁·······························136,144
東京地判平成21・1・30判タ2035号145頁································74,94
東京地判平成21・2・4判時2033号3頁····································91
新潟地判平成21・12・1判時2100号153頁································92,145
東京地判平成22・6・30判時2097号144頁································140

235

【著者紹介】

升田　純（ますだ　じゅん）

〔略　歴〕
昭和25年4月15日生まれ。　昭和48年国家公務員試験上級甲種・司法試験合格　昭和49年3月京都大学法学部卒業　昭和49年4月農林省（現農林水産省）入省　昭和52年4月裁判官任官、東京地方裁判所判事補　昭和56年7月在外研究・米国ミシガン州デトロイト市　昭和57年8月最高裁判所事務総局総務局局付判事補　昭和62年4月福岡地方裁判所判事　平成2年4月東京地方裁判所判事　平成4年4月法務省民事局参事官　平成8年4月東京高等裁判所判事　平成9年4月裁判官退官、聖心女子大学教授　平成9年5月弁護士登録　平成16年4月中央大学法科大学院教授

〔主要著書〕
『詳解　製造物責任法』（商事法務研究会、平成9年）
『高齢者を悩ませる法律問題』（判例時報社、平成10年）
『情報をめぐる法律・判例と実務』（共編著、民事法研究会、平成15年）
『要件事実の基礎と実践』（金融財政事情研究会、平成15年）
『要件事実の実践と裁判』（金融財政事情研究会、平成16年）
『裁判からみた内部告発の法理と実務』（青林書院、平成20年）
『実務　民事訴訟法〔第4版〕』（民事法研究会、平成21年）
『要約マンション判例155』（学陽書房、平成21年）
『現代社会におけるプライバシーの判例と法理』（青林書院、平成21年）
『風評損害・経済的損害の法理と実務』（民事法研究会、平成21年）
『モンスタークレーマー対策の実務と法〔第2版〕』（共著、民事法研究会、平成21年）
『最新　PL関係判例と実務〔第2版〕』（民事法研究会、平成22年）
『判例にみる損害賠償額算定の実務』（民事法研究会、平成22年）
『警告表示・誤使用の判例と法理』（民事法研究会、平成23年）　など

一般法人・公益法人の役員ハンドブック

平成23年5月19日　第1刷発行

定価　本体2,300円（税別）

著　者　升田　純
発　行　株式会社　民事法研究会
印　刷　藤原印刷株式会社

発行所　株式会社　民事法研究会
〒150-0013　東京都渋谷区恵比寿3-7-16
〔営業〕TEL 03(5798)7257　FAX 03(5798)7258
〔編集〕TEL 03(5798)7277　FAX 03(5798)7278
http://www.minjiho.com/　　info@minjiho.com

落丁・乱丁本はお取り換えします。カバーデザイン：袴田峯男
ISBN978-4-89628-693-9　C2032　¥2300E

▶因果関係の存否・損害額の算定が困難な紛争類型の裁判例を検証し、背後にある法理を解説！

風評損害・経済的損害の法理と実務

升田　純　著

A5判・446頁・定価 3,990円（税込、本体3,800円）

―――― 本書の特色と狙い ――――

▶風評損害を含めた事業者の被った経済的損害に関する129件もの裁判例を詳細に分析・検証し、損害賠償額の法理と実務を解説！

▶加害者の行為等と損害との間の因果関係・相当因果関係の有無、損害賠償の範囲、損害賠償額の立証・算定、過失相殺等、先例が少ない新たな紛争類型の法理を探求！

▶事業者が取引事故によって被った営業上の逸失利益、営業機会の喪失による損害、稼働妨害・営業妨害、信用毀損、経済的損害、風評損害といった困難な損害賠償額をめぐる問題を徹底検証！

▶マスコミ・インターネット等によって今後ますます紛争が増大するであろう新たな分野に対応するための弁護士、企業関係等必携の1冊！

―――― 本書の主要内容 ――――

第1部　風評損害・経済的損害の法理
- 第1章　はじめに——損害賠償額に対する関心
- 第2章　現代の損害賠償実務の風景
- 第3章　損害賠償の実務
- 第4章　風評損害の意義と認識

第2部　風評損害の類型と裁判例
- 第1章　マスメディア等のメディアによる信用毀損の裁判例
- 第2章　行政機関等による信用毀損の裁判例
- 第3章　その他の信用毀損の裁判例
- 第4章　汚染・事故等による風評損害の裁判例
- 第5章　その他の裁判例

第3部　経済的損害の類型と裁判例
- 第1章　経済的損害をめぐる議論の現状
- 第2章　経済的損害をめぐる裁判例
- ・判例索引

発行　民事法研究会

〒150-0013　東京都渋谷区恵比寿 3-7-16
（営業）TEL.03-5798-7257　FAX.03-5798-7258
http://www.minjiho.com/　info@minjiho.com

▶損害賠償請求事件におけるより合理的・説得的な賠償額の算定の仕方、あり方、判断基準を探究!

判例にみる損害賠償額算定の実務

升田 純著

A5判・433頁・定価 3,885円(税込、本体3,700円)

本書の特色と狙い

- ▶100件超の損害賠償請求事件の裁判例を取り上げ、事業者の事業の種類、加害行為の種類、損害の種類によって類型化して精緻に分析・検証し、損害賠償額の認定・算定が困難な事例における賠償額の立証や認定・算定の実務のあり方を示す好個の書!
- ▶著者の好評書『風評損害・経済的損害の法理と実務』の姉妹編として位置づけ、損害賠償責任が問われた者の加害行為と、損害賠償責任を追及する者の受けた損害との間の因果関係の有無、損害賠償額の立証、算定、過失相殺等の法理を探究!
- ▶近時話題の株価の下落による株主の権利・利益侵害をめぐる裁判例を紹介し、株主損害の救済法理、損害賠償額の認定・算定のあり方にも論及!
- ▶判例索引・損害類型別索引を収録しており、裁判官・弁護士などの法律実務家や研究者、企業の法務担当者の訴訟実務にとっては至便な手引書!

本書の主要内容

序章 概説

第1章 事業活動における損害額の認定・算定
不動産・建設関係事業者の責任／金融関係業者の責任／貸金業者の責任／信販業者の責任／保険業者の責任／企業買収の関係事業者の責任／国際取引の関係事業者の責任／食品業者の責任／フランチャイズ事業者の責任／研究開発事業者の責任／販売業者の責任／旅行業者の責任／放送事業者の責任／国・地方自治体の責任／弁護士の責任／司法書士の責任／行政書士の責任／不動産鑑定士の責任／獣医師の責任／カウンセラーの責任

第2章 加害行為に基づく損害額の認定・算定
善管注意義務・忠実義務／安全配慮義務／債務不履行責任／不法行為責任／その他の義務・責任

第3章 権利侵害に基づく損害額の認定・算定
法律行為による侵害／競争法上の侵害／生活権侵害／情報侵害／迷惑行為／その他の権利侵害

第4章 株価の下落をめぐる損害額の認定・算定
1 株価の下落と広範な影響
2 株価の下落と株主の権利・利益の侵害
3 株主の権利・利益をめぐる裁判例
4 今後の課題と展望

・判例索引
・損害類型別索引

発行 **民事法研究会**

〒150-0013 東京都渋谷区恵比寿3-7-16
(営業) TEL.03-5798-7257　FAX.03-5798-7258
http://www.minjiho.com/　info@minjiho.com

▶判例を分析・検証し、企業のリスクマネジメントの指針を示す！

警告表示・誤使用の判例と法理

升田　純著

Ａ５判・660頁・定価 5,565円（税込、本体5,300円）

本書の特色と狙い

▶製品・設備等の事故をめぐる損害賠償請求訴訟において、製品の製造業者等の警告上の過失と使用者等の誤使用が争われた事例、事業者・行政等の施設設置・設備管理上の瑕疵が主張された事例を分析・検証し、実務上の判断基準を探究！

▶取扱説明書の交付等による製品情報の提供の内容と誤使用の判断の枠組み、適正使用・誤使用の主張・立証・認定のあり方について詳細に解説！

▶裁判官・弁護士などの法律実務家や研究者はもちろん、リスクマネジメントが緊要な製品等の製造業者や施設・設備等の設置・管理業者などの企業の関係者、行政・各種団体などで消費者問題に携わる関係者に必携の１冊！

本書の主要内容

第１部 製品情報の提供と製品事故

第２部 警告表示をめぐる判例と法理
　第１章　製品の警告表示と警告上の過失・欠陥
　第２章　警告上の過失・欠陥をめぐる裁判例
　　　医薬品・医療器具等／ガス機器／エスカレータ・エレベータ／自動車／食品／日用品／化粧品／乳幼児用製品／レジャー用製品／事業用・産業用の製品・設備

第３部 誤使用をめぐる判例と法理
　第１章　製品・設備事故における誤使用
　第２章　誤使用をめぐる裁判例
　　　建物／学校／公園・遊園地／レジャー施設・スポーツ施設／工場／道路／鉄道／河川・海岸等／湖沼池／ガス設備・機器／エスカレータ・エレベータ／自動車／日用品／家具／玩具／食品等／介護製品・介護施設／医薬品等／事業用機械
　第３章　誤使用の取扱いをめぐる今後の課題

発行　民事法研究会

〒150-0013　東京都渋谷区恵比寿3-7-16
（営業）TEL.03-5798-7257　FAX.03-5798-7258
http://www.minjiho.com/　　info@minjiho.com